解决学生
社会交往中

郝克云 编著

——经常遇到的问题

青少年在成长过程中难免遇到这样或那样的问题

本书以青少年为对象，从社会交往方面提出了青少年可能遇到的问题，并帮助他们学会解决这些问题

中国出版集团
现代出版社

图书在版编目（CIP）数据

解决学生社会交往中经常遇到的问题／郝克云编著．
— 北京：现代出版社，2011.9（2025年1月重印）
ISBN 978 – 7 –5143 – 0319 – 3

Ⅰ．①解… Ⅱ．①郝… Ⅲ．①心理交往 – 青年读物
②心理交往 – 少年读物 Ⅳ．①C912.1 –49

中国版本图书馆 CIP 数据核字（2011）第 146478 号

解决学生社会交往中经常遇到的问题

编　　著	郝克云
责任编辑	陈田田
出版发行	现代出版社
地　　址	北京市安定门外安华里 504 号
邮政编码	100011
电　　话	010 – 64267325　010 – 64245264（兼传真）
网　　址	www.1980xd.com
电子信箱	xiandai@ vip.sina.com
印　　刷	三河市人民印务有限公司
开　　本	710mm ×1000mm　1/16
印　　张	13
版　　次	2011 年 9 月第 1 版　2025 年 1 月第 9 次印刷
书　　号	ISBN 978 – 7 –5143 –0319 –3
定　　价	49.80 元

前　言

　　交往，是人与人之间为了交流信息而相互施加影响的过程。交往既是人自身发展的需要，也是现代社会对人的要求。社会是由人组成的，社会是人的社会，人是社会的人。没有一个人能离开社会而独立存在，我们无时无刻不在与这个社会发生着联系。因此，社会交往作为生存的基础，就变得尤为重要。

　　社会交往作为现代人适应未来社会的重要能力越来越受到人们的重视。培养学生初步学会文明地进行人际沟通和社会交往，发展合作精神，为学生的终身发展打下良好的基础，是基础教育的重要任务之一。当前学生中，独生子女较多，大多生活在家长的过分关爱之中，缺乏与他人交往的机会；再加之教师对学生社交能力的培养认识不够，指导不力，在教育中多注重单向灌输，忽视双向互动交流等现象，导致学生社会交往意识不强，交往能力日趋弱化，缺乏交往的技巧，不会与他人正确交往。

　　人是有感情的，这一方面让交往变得更有趣，另一方面也增加了交往的危险。古人说，独学而无友，则孤陋而寡闻。君子与君子以同道为朋，小人与小人以同利为朋。先淡后浓，先疏后亲。先远后近，交朋友之道也；能媚我者必能害我，宜加意防之；肯规矛者必肯助予，宜倾心听之；得放手时须放手，可饶人处且饶人。与善人居，如入芝兰之室，久而自芳也；与恶人居，如入鲍鱼之肆，久而自臭也。社会交往中要注意选择交往的对象，因为这很可能直接影响到自己，特别是涉世未深的学生，往往容易受到周围环境和交往对象的影响。因此，应该"择其善者而从之"。

学生在社会交往中不仅要选择好交往的对象，而且在交往方法和行为上要有技巧。学生由于生活范围较窄，阅历不广，缺乏社会交往的经验和交往技能。有的自信心不足，怕挫折，不善交往；有的性格内向，不善表达；有的任性，交往不文明，"一切以我为中心"，难与他人合作等等。很多时候，因为我们自己不注意而失去最好的朋友，或者引起别人的不满，甚或让自己陷入无法挣脱的绝境。针对学生社会经验少、不善交际的实际，本书精心挑选出 108 个有关社会交往的经典问题，并对这些问题作出合情合理的解决方法，让学生们在遇到问题时知道"怎么办"。这些问题具有普遍性，相信大多数学生都会在社会交往中遇到。让交往变得轻松，让心情变得愉悦，让生活充满微笑，让我们在复杂的社会交往中获得简单的快乐。

目 录

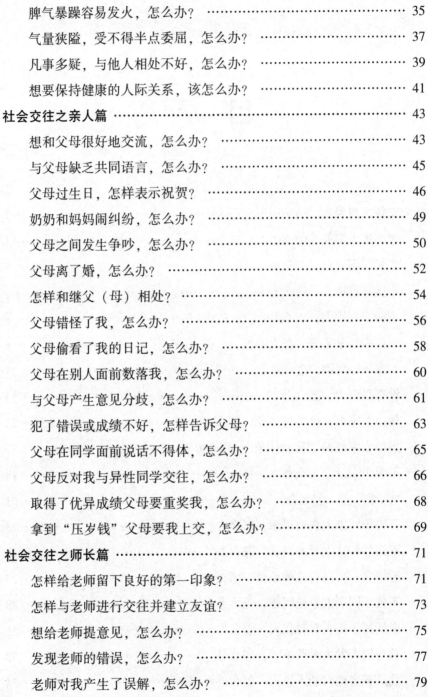

目录

解决学生社会交往中经常遇到的问题

目录

社会交往之自我篇

 想要扩大交往，怎么办？

有调查发现，当前90%以上的中学生，交往的范围都比较广，他们的友谊感正在迅速地发展着。这符合青少年心理发展规律，也符合当今开放型社会的需要。但是与此相反，还有少数中小学生，因种种原因，至今交往的范围还过于狭小。这些青少年朋友也为此而烦恼，但烦恼于事无补。

不仅如此，在广大的学生朋友们当中，从小学到大学，都存在交往范围狭小的一些问题学生。由于交往范围狭小，他们往往缺乏交往的经验，以至于有时候不知道如何与人相处，或者一改变交往环境就陷入孤独状态，这十分不利于这些学生的发展。那怎样才能改变交往范围狭小的现状呢？

一、找出原因

交往范围过于狭小往往是多种原因造成的：一是因为怕羞，据调查，大约有40%的美国人、60%的日本人存在着羞怯现象，其中女孩居多，

1

但男孩也不少。二是由于自卑，有的因成绩不好，有的因兴趣、爱好不广，不喜言谈；有的因家庭条件不如人，有的甚至因生理上有某种所谓缺陷，总感到低人一等，登不了"大雅之堂"。三是自尊心过强。孤高自傲，不屑与人交往。当然还有其他原因。

二、提高认识

交往范围过于狭小，对于我们的成长是不利的。在当今社会人们活动的社会性、人的交际层面和人们交往的频率，是任何一个时代都不能比拟的。这种开放性的社会形态，给青少年的思想素质、知识积累和交往能力，提出了更高要求。如果我们交友范围狭小、孤陋寡闻，那么怎么能适应今天社会的需要，怎么能争取到事业成功和生活幸福呢？明白了这个道理，我们就应该努力解放自我、奋起直追。

三、树立自信

交往过于狭小的核心是缺乏自信。我们要加强学习，提高自信，要学会发现自己、承认自己、接受自己，要看到自己的长处，要敢于展示自己的才华。我们要懂得，每个人都在变化，都能变化，因此，要努力冲破束缚，克服怯懦，摆脱依赖，勇敢地抓住每一个发展自己的良机去"重塑自我"。当然，对于一些自尊心过强的同学来说，那就是克服"孤芳自赏"的弱点，多多欣赏别人的长处，尽快融合到集体中来。

四、勇于实践

我们要在提高认识、树立自信的基础之上，有意识地寻找机会，在实践中努力锻炼自己。比如，自己单独到亲戚、同学家转转，鼓足勇气主动与他们交谈。积极参加班级和学校的各项活动。在活动中，不要怕说错话或做出不适当的举止。有目的地去扩大交友范围，有意识地接近那些脾气不怎么相投、志趣不那么相合的同学，与他们多沟通、多交流，取长补短，增益自身。

总之，只要我们在交往中，用真诚去播种，用热情去灌溉，用谅解去护理，用原则去培植，那么，在我们的周围，必将盛开成片的友谊之花。

 ## 孤僻、不合群，怎么办？

孤僻即我们常说的不合群，指不能与人保持正常关系、经常离群索居的心理状态。孤僻的人一般为内向型的性格，主要表现在不愿与他人接触，待人冷漠。对周围的人常有厌烦、鄙视或戒备的心理。具有这种个性的人猜疑心较强，办事喜欢独来独往，但也免不了为孤独、寂寞和空虚所困扰。因此，孤僻对学生的身心健康十分有害。孤僻的人缺乏同学、朋友之间的欢乐与友谊，交往需要得不到满足，内心很苦闷、压抑、沮丧，感受不到人世间的温暖，看不到生活的美好，容易消沉、颓废、不合群，缺乏群体的支持，忧心忡忡，易出现恐怖心理。这种消极情绪长期困扰，不但影响学习，而且损伤身体。

孤僻的性格一般是由于缺乏必要的社会交际能力和方法，在人际交往中遭到拒绝或打击而造成的，如耻笑、埋怨、训斥，自主性受到伤害，便把自己封闭起来。但是越不与人接触，社会交往能力就越得不到锻炼，结果就越孤僻，那么如何克服孤僻呢？

一、正确评价认识自己和他人

我们一方面要正确认识孤僻的危害，敞开闭锁的心扉，追求人生的乐趣，摆脱孤僻的缠绕；另一方面要正确地认识别人和自己，努力寻找自己的长处。孤僻者一般都没能正确地认识自己。有的自恃比别人强，总想着自己的优点、长处，只看到别人的缺点、短处，自命不凡，认为不值得和别人交往；有的倾向于自卑，总认为自己不如人，交往中怕被别人讥讽、嘲笑、拒绝，从而把自己紧紧地包裹起来，保护着脆弱的自尊心。

二、学习交往技巧，优化性格

我们平时可看一些有关交往的书，学习交往技巧。同时多参加正当、良好的交往活动，在活动中逐步培养自己开朗的性格。要敢于与别人交往，虚心听取别人的意见，同时要有与任何人成为朋友的愿望。在每一次交往中都会有所收获，丰富知识经验，纠正认识上的偏差。获得了友谊，愉悦了身心，便会重树你在大家心目中的形象，长此以往，就会喜欢交往，喜欢结群，变得随和了。可以从先结交一个性格开朗、志趣高雅的朋友开始，处处跟着他学，并请他多多提携。

三、培养自信心

自信心是对自己的正确认识和把握。建议你尝试以下几种做法以提高自信：

①重新审视自我。在一张纸的左面列出自己的优点和强项，右面列出弱点和不足，不假思索地尽情罗列，然后再归类整理。此时，你一定会发现自己原来有这么多平时没有太留意过的长处，而且优点的数量也远远超过了缺点的数量。

②适时地进行自我激励。卢梭曾经说过："我不比别人更好，但我就是我。"当我确实不如别人时，我会对自己说："我会抓紧锻炼自我，走上自己的成功之路。"

③必要的时候应该放弃。与他人不必要的比较应该放弃，不切实际的目标应该放弃，百分之百的完美主义标准应该放弃。

④培养某方面兴趣。在自己的优点、专长、兴趣中，找一样（刚刚

开始时，一样就够了）来加以特别培养、发展，使之成为自己的专长。有了专长，就有机会做主角，自然会神采飞扬。

⑤肯定自己的能力。每天找出三件自己做成功的事。不要把"成功"看成很大的事，成功可以是顺利跟医生约了治疗时间，上学交通一路畅顺，完成的作业没出一次错等等。一日至少顺利地做了三件事，又怎能说"一事无成"、"一无是处"呢？

⑥计算已做妥的事。计算自己做妥的事而不是检讨自己还有多少件事没有做。人还没做的事永远多过已做妥的事，如果老想着这个没做，那个没做，便会越想越沮丧，真的会觉得自己能力低，无效率，大为失意。

四、改掉交往中胆小的毛病

首先，要时时想到自己是一个独立的人，堂堂正正的人，自己和他人在人格上是平等的，大可不必"未曾开言矮三分"。人各有优势，通过交往，可以互相取长补短。只要你有了信心，胆子会壮的。其次，要树立"必胜的信心"，即把主动和别人说一次话，或主动邀请别人做一件事，当着一次胜仗来看待。你可以这样暗示自己，我主动与你交往，即使你不理我，我也算取胜了。经过一段时间的锻炼，一旦你经常品尝到"胜利"的滋味，你的胆怯心理就会逐渐被克服。

总之，要面对现实，主动和别人交往，树立信心，增强自尊，这样会体会到与人交往是一件平常的、正常的事。多一分自信，孤僻就会减少一分。

不懂宽容他人，怎么办？

有不少青少年朋友，常常为一点小事斤斤计较，闹得脸红脖子粗。

这种缺乏宽容的态度，不利于同学间的和睦相处，不利于人际间的正常交往。我们从小要养成宽宏大量、胸怀宽广的美德。

当然要想获得宽容，也离不开共赢观与换位观的树立。共赢观简单来讲，就像一句广告语中所说的："大家好，才是真的好！"这是对过度竞争观的否定，是一种真正的集体主义。我们需要宽容同学，宽容自己在竞争中的对手。林肯总统曾经对竞争对手以宽容著称，后来终于引起了议员的不满，议员说："你不应该试图和那些人交朋友，而应该消灭他们。"林肯微笑着回答："当他们变成我的朋友，难道不是正在消灭我的敌人吗？"林肯总统的话一语中的，多一些宽容，公开的对手或许就是我们潜在的朋友。

而换位观则需要我们换位思考，进行角色的转换。同学的交往若产生了摩擦，应当把自己和对方所处的位置关系交换一下，站在对方的立场上，以他的思维方式或思考角度来考虑问题。这样，当你本来想发怒的时候，通过换位思考，你的情绪就会变得平静下来；当你觉得对方不可理喻的时候，通过换位思考，你会真切的理解他此时此地的感受；通过换位思考，你也会变得宽容。

 ## 不会安慰别人，怎么办？

当朋友伤心难过时，很多人要么好言相劝"别哭了，坚强点儿"，要么帮助分析问题，告诉他"你应该怎么做"，还有人会批评对方"我早就给你说过……"。其实，这些做法不仅不能使人得到安慰，还会使对方更加伤心。因此，安慰人也要讲心理技巧，要根据对方的心理活动，给予最贴心的抚慰。

一、要倾听对方的苦恼

由于生活体验、家庭背景、人生经历等不同，形成了每个人对于苦恼的不同理解。因此，当试图去安慰一个人时，首先要理解他的苦恼。安慰人的时候，听比说要重要。一颗沮丧的心需要的是温柔聆听的耳朵，而非逻辑敏锐、条理分明的脑袋和伶牙俐齿。聆听是用我们的耳朵和心去听对方的声音，不要追问事情的前因后果，也不要急于做判断，要给对方空间，让他能够自由地表达自己的感受。聆听时，还要感同身受，让对方会察觉到我们内心的波动。如果我们对他的遭遇能够"悲伤着他的悲伤，幸福着他的幸福"，对被安慰者而言，这就是给予他的最好的帮助和安慰。还要允许对方哭泣。哭泣是人体尝试将情绪毒素排出体外的一种方式，而掉泪则是疗伤的一种过程。所以，请别急着拿面巾纸给对方，只要让他知道你支持他的心意。

二、要接纳对方的世界

安慰人时最大的障碍，常常在于安慰者无法理解、体会、认同当事人所认为的苦恼。人们容易将苦恼的定义局限在自我所能理解的范围中，一旦超过了这个范围，就是"苦"得没有道理了。由于对他人所讲的"苦"不以为然，安慰者往往容易在倾听的过程中产生抗拒，迫不及待地提出自己的见解。因此，安慰者需要放弃自己根深蒂固的观念，承认自己的偏见，真正站在对方的角度去看他所面临的问题。心理专家说的"放下自己的世界，去接受别人的世界"，就是这个道理。最好的安慰者，是暂时放下自己，走入对方的内心世界，用他的眼光去看他的遭遇，而不妄加评断。

三、要探索对方走过的路

安慰者常常会感到自己有义务为对方提出解决办法，帮助对方找到

应该走的路。殊不知，每个被苦恼折磨的人，在寻求安慰之前，几乎都有过一连串不断尝试、不断失败的探寻经历。所以我们所要做的应该是，探索对方走过的路，了解其抗争的经历，让他被听、被懂、被认可，并告诉他已经做得够多、够好了，这就是一种安慰。

心理专家提醒安慰者一个重要的观念："安慰并不等同于治疗。治疗是要使人改变，借改变来断绝苦恼；而安慰则是肯定其苦，不试图做出断其苦恼的尝试。"实际上，在安慰人的过程中，所提供的任何解决方法都很可能会失灵或不适用，令对方再失望一次，故而不加干预、不给见解，倾听、了解并认同其苦恼，是安慰的最高原则。

另外，陪对方走一程也是一种安慰。对方会在你的陪伴下，觉得安全、温暖，于是倾诉痛苦，诉说他的愤恨、自责、后悔，说出所有想说的话。同时可以为对方打几通电话，连结人脉；也可以找相关的书籍给他们阅读；或是干脆提供一个躲避的空间，让他们得以平静地寻找自己的答案。当他经历完暴风雨之后，内心逐渐平静下来，坦然面对自己的遭遇时，他会真心感谢你的陪伴。

交往中经常害羞，怎么办？

在人际交往中要轻松活泼，举止大方，要有坦率直爽的言行。但有的同学在与人交往中，特别是与陌生人或与许多人在一起交往时，总会胆怯或害羞。一碰到人，话未说出口，脸已绯红，这样一来就语无伦次，自己也不知说些什么了，更谈不上什么成功的人际交往了。

那么，有什么办法可以克服害羞的交往心理呢？一般我们有以下方法：

一、要增强自信力

让"我总会战胜它"的声音永在你的心中荡漾，这样，你就不会因失败而气馁，相信自己一定会成功的。古希腊大演说家拉赫克利特小时候口吃，同陌生人不敢讲话，后来经过刻苦努力，成为举世闻名的演说雄才。任何人都有长处和短处，而且短处可以向它的反面转化。我们千万不要被自己的短处所紧箍。

二、要多多争取锻炼的机会

开始的时候可以拣容易的做，如可先在班级里的小组内或熟人的范围里多发言，在家人和老同学面前大声朗诵和唱歌，以培养自己对怕羞心理的抵抗力。然后再争取与陌生人交往。这样再逐步扩大范围，增加难度。

三、表情要自然，情绪要真实

脸要露笑容，这样你就会感到轻松、自如。此外，不要掩饰自己的真实情绪。喜悦厌恶等都不要加以掩饰。一个经常压抑和掩饰的人，会被人视为虚伪、冷漠，又有谁会愿意同一座"冰"山交朋友呢？

四、要学会意念控制

每当我们到一个生疏的地方与陌生人交往，在感害羞、紧张时，要暗示自己镇静下来，提醒自己什么都不去想它，就把面前的陌生人当作自己的熟人，这样，害羞的心理就能减少一大半。

除此之外，心理学专家向那些过于内向的人提出了六条消除害羞感的建议：

一、通过记日记来找到害羞心理的根源

书写记录是一条简便易行的办法，其实我们每个人对自己的了解都

社会交往之自我篇

9

比自以为的要多，不妨把你害羞时的情景、你的想法和害羞的原因写下来，结果肯定会令人非常吃惊。

二、创造一个"角色"，由个不害羞的你来演戏

在一些公众场合，你可以设想自己是一个演员，尝试着把所谓真正的你和你所扮演的角色分开，你扮演的这个开朗的角色将会对社交生活有很大帮助。

三、为交往做些准备工作

如果你要去参加一个聚会，最好先搞明白都有谁会去，他们要做什么，他们感兴趣的是什么。如果你要与一个从没见过的人打交道，先去了解点他的背景。此外，多参加些你所感兴趣的活动，与那些同你有共同爱好的人先进行交往。

四、改变你的身体语言

害羞的人总是无意识地向人表现出冷漠或者退缩的信号。在与人交往中，你可以尝试多作一些下列的表示：微笑，保持开放的姿势（如不把胳膊或腿局促地重叠在一起），尽量多作向前的姿态，与人做握手等友好的接触，用眼神传递意思，点头（来表示你在倾听并理解了别人）。此外，在与人交谈时要不时地做出反应，比如要说"是的"、"我同意"或"很有意思"。当对话进行得比较困难时，不妨问些大众化的问题，像"你是怎么干上这一行的"，这给人的印象会是一种友好的表示。

五、让别人介入你的秘密

害羞的人需要一两个知心朋友来接受他，了解他的心理和想法，而不是对他指手画脚。一个能够认真倾听却从不发表议论的朋友对于害羞的人将会有很大帮助。

六、设想最坏的后果

当你没有足够的勇气去做一件事时，可以先设想一下可能发生的最坏的后果。比如，当你羞于在人群前发表演讲时，你可以先问自己："我到底害怕什么呢？""我害怕因自己紧张而讲不好。""那最坏能怎么样呢？""听众会笑话我！""然后又会怎样呢？""或者我同他们一起笑，或者我以后再也不演讲了呗。"可见，即使最坏的后果也不是世界末日。

不幽默、风趣，怎么办？

幽默是一种特殊的情绪表现，它是人们适应环境的工具，是人类面临困境时减轻精神和心理压力的方法之一。俄国文学家契诃夫说过："不懂得开玩笑的人，是没有希望的人。"可见，生活中的每个人都应当学会幽默。多一点幽默感，少一点气急败坏，少一点偏执极端，少一点你死我活。

美国著名演说家罗伯特有许多朋友，其中不少是无名之辈，他们同罗伯特首次见面时，总有些拘束感。有一次，罗伯特过六十岁生日，许多朋友去看他，有人见他头秃得厉害，就劝他不妨戴顶帽子。罗伯特回答说："你们不知道光着秃头有多好，我是第一个知道下雨的人！"这句幽默的话一下子使聚会的气氛变得轻松起来。人们所以喜欢同罗伯特交往，不仅因为他是个极有才华的人，而且也因为他的幽默能使第一次交往就成为朋友间的欢聚。

一般说来，幽默的人比较豁达大度，不大计较别人的一言一行，对方与之交往的心理压力比较小，因此，信任的建立相对要容易些。林肯总统在会见某国总统时，还没有握手就谈笑风生："啊，原来我的个子还

没有你高，怎么样，当总统滋味如何？"那位总统有点拘谨，说："你说呢？""不错，像吃了火药一样，总想放炮。"这段对话使两位总统间的猜疑、戒备之心立刻消失了，以后的会谈完全是在信任、坦率的气氛中进行。

幽默风趣如此重要，实在是社会交往中不能缺少的。那么，怎样培养幽默感呢？我们要注意以下几点：

一、领会幽默的内在含义

要学会机智而又敏捷地指出别人的缺点或优点，在微笑中加以肯定或否定。幽默不是油腔滑调，也非嘲笑或讽刺。正如有位名人所言：浮躁难以幽默，装腔作势难以幽默，钻牛角尖难以幽默，捉襟见肘难以幽默，迟钝笨拙难以幽默，只有从容、平等地待人，超脱、游刃有余、聪明透彻才能幽默。

二、扩大知识面

幽默是一种智慧的表现，它必须建立在知识丰富的基础上。一个人只有有审时度势的能力，广博的知识，才能做到谈资丰富，妙言成趣，从而做出恰当的比喻。因此，要培养幽默感必须广泛涉猎，充实自我，不断从浩如烟海的书籍中收集幽默的浪花，从名人趣事的精华中撷取幽默的宝石。

三、陶冶情操，乐观对待现实

幽默是一种宽容精神的体现，要善于体谅他人，要使自己学会幽默，就要学会宽容大度，克服斤斤计较，同时还要乐观。乐观与幽默是亲密的朋友，生活中如果多一点趣味和轻松，多一点笑容和游戏，多一份乐观与幽默，那么就没有克服不了的困难，也不会出现整天愁眉苦脸、忧心忡忡的痛苦者。

四、培养深刻的洞察力

提高观察事物的能力，培养机智、敏捷的能力，是提高幽默的重要方面。只有迅速地捕捉事物的本质，以恰当的比喻、诙谐的语言来表达，才能使人们产生轻松的感觉。当然在幽默的同时，还应注意，重大的原则总是不能马虎的。不同问题要不同对待，在处理问题时要极灵活性，做到幽默而不俗套，使幽默能够为人类精神生活提供真正的养料。

 ## 没有吸引力，怎么办？

谁不希望自己在同学、朋友圈子里具有吸引力，成为大家所喜爱、所乐于接近的人呢？要使外界产生趋向你自身的无形引力，需要从各方面注意努力提高自身素质。我们可以从以下这些方面去努力：

一、摒弃自卑，树立自信；认识自我，提高自我

每个人都有长处和不足，产生吸引力的基础当然是某种长处，我们应客观全面地认识自己，充分表现自身的长处，同时又注意不断完善自己，增多长处的项目，扩大长处的范围，提高长处的水平。可以预期，一个充满自信心、富有能力才干的人，自会对他人产生一种内在的吸引。

二、学会自尊和尊重他人

吸引力的产生还来自你的态度，对自己和对他人的态度。自尊的建立和维护可以表明你对自身的负责任、对自己价值的肯定，尊重他人可以表现你对他人价值的肯定，你的修养和风度，这样别人才会被你吸引，愿意和你交往。

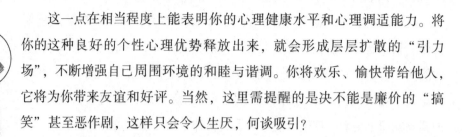

三、乐观开朗，富有幽默感

这一点在相当程度上能表明你的心理健康水平和心理调适能力。将你的这种良好的个性心理优势释放出来，就会形成层层扩散的"引力场"，不断增强自己周围环境的和睦与谐调。你将欢乐、愉快带给他人，它将为你带来友谊和好评。当然，这里需提醒的是决不能是廉价的"搞笑"甚至恶作剧，这样只会令人生厌，何谈吸引？

四、对他人坦诚信任、体谅关怀

互通的心灵才能互相吸引，理解、关心、同情的心灵才能使别人感到你的可贵和对他具有的价值。因此我们要注意与他人的心理沟通，跳出小我去注意他人面对的情况和产生的喜怒哀乐。可以肯定，一个自顾自的、自以为是的甚至以自我中心的人对周围是不可能具有吸引力的。

五、注意仪态仪表等外部形象因素

着装、鞋帽、发式等要适合自己的年龄特点和角色特点，并充分体现真我的气质、风格，表达出自己的独特个性；在言谈举止上也要得体，表现出礼貌、反映出修养、体现出独有见地；在情感上注意力戒虚伪不实、敷衍塞责的恶习，而应是将真情实感自然流露，对激烈情感要用理智适当调控。这些也都是构成吸引力的重要组成部分。

六、学会主动帮助别人和主动求助于别人

吸引也产生于彼此的需要，打个不恰当的比方：一个撑得饱饱的人，食物对他是没有吸引力的，因为此时他不需要。帮助别人排忧解难，可以证明别人需要你，自己也可以产生价值实现的感受，进一步增强吸引力；求助别人则说明你需要别人，别人会明白你对他的信任并对他表现出的重要性感到高兴，这种体验也促进吸引。

试着这样去做，你会发现自己具有了越来越强的吸引力，你会为自己是一个"重要"的人而自豪不已的。

想让大家对自己有好印象，怎么办？

生活，并不像艺术家们描绘的那样简单。印象，可能是对一个人的正确看法，也可能只是一种偏见，而偏见一旦成立，就会产生消极的"定势"，是否对一个人作出正确的评价，能影响正常人际关系的建立和巩固。印象是别人对自己的整体感觉，可以表达出大家对你是友好还是厌恶，是亲近还是排斥。这种印象也就是在每个人的心目中你的形象，我们当然希望自己能给其他人（如老师、同学等）留下一个好的印象，这样你才可以在生活和学习中轻松愉快。要想让别人对你有好印象，就需要从以下这些方面去努力：

一、勿故作姿态，勿虚伪造作，展现一个真实的自我

"真实"的生命力是巨大的，我们不可勉强自己去着力"讨"他人的"好"，去机械表现某些以为给人好印象的举止言语，这样只会适得其反，既不会带来预期的好印象，还把自己的个性特质压抑住了。如果轻松自然地去做，效果最佳，给别人的印象也最好。

二、尊重他人，为他人作出贡献

我们要经常问问自己以下几个问题：我常常说"我"字吗？我常只顾自己的问题、事务和心情吗？我常抱怨别人、抱怨周围现实吗？我老爱和别人的想法、做法对着干吗？我对别人的问题总是漠不关心吗？这些如果却是肯定回答的话，那么就会严重影响你在别人心目中的印象。

因此我们要自我分析、自我警醒，向相反一面去努力，积极尊重、理解他人，帮助他人，从语言到行动，好印象会自然建立起来的。

三、态度明确，行事果断

保持自己有一份旺盛的精力和体力，培养自己有一种日益改善的分析、判断和解决问题的能力是很重要的。日常生活中总有各种各样的事需我们面对和处理，做得好当然会使人对你刮目相看，形成好印象。

四、善于使用眼神，不要急于发表见解

人们对于那种心不在焉与人打交道或喧宾夺主抢着下断语拿主意的人，印象不会好到哪儿去。在与人交往时，应用真诚的目光注视着对方，倾听或讲述，多了解情况，多体察对方，多用建议方式，这些对形成他人对自己的好印象具有重要作用。

五、搞好仪表仪态，配合前面各点发挥作用

得体适宜的装扮、正确的坐立行走姿势、温和大方的态度、为他人所悦耳的语音语速语气等等，都可能造成别人对你的某种好印象，进而积累便成全面的好印象。在与人交往时，必须将自己的整个身体都看作是一个表露信息的存在物，自己必须随时记住，你的一举一动都在说话。假如你善于运用你的身体语言，他人将乐于接纳你并与你合作。要知道，外表、情绪、言辞、语调、眼神、姿态，都有抓住他人兴趣的能力，这些都是你自身可利用的资本，其他人正由此形成对你的印象。

稳固的好印象是在各个方面、较长时间逐渐形成的，一旦形成对你就是一笔无形的"财富"。

想给大家好的"第一印象"，怎么办？

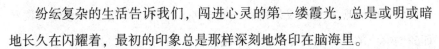

纷纭复杂的生活告诉我们，闯进心灵的第一缕霞光，总是或明或暗地长久在闪耀着，最初的印象总是那样深刻地烙印在脑海里。

大家知道，最初的印象或者说"第一印象"良好与否，对我们是非常重要的。美国朗德博士在其《交际——要注意最初四分钟》一书中认为：人们起初相处的四分钟至为关键，给人留下好的第一印象，将会给你带来福音。对同学们来说，如新组成一个班级和老师、同学初相识，如转学到一个新环境面对着陌生的同学，如第一次到别人家里做客，等等，都应重视最初四分钟。在人们头脑中印上你良好的初次印象，将有利于你为他人所接纳、所喜爱，有利于建立良好的人际关系，有利于你本身的成长。那么，怎样才能获得这一效果呢？

一、在外表形象上表现出得体的服饰、真诚专注的表情和自然大方的言谈举止

一个邋遢散漫的人、虚伪冷漠的人、矫揉造作的人，怎么能给人好的第一印象呢？因此应事先有一些相应的准备，以良好的外表形象去赢得良好的第一印象，这是应充分注意、认真准备的。

二、注意眼神的合理运用

紧盯住别人的咄咄逼人的眼神、东张西望的无所谓的眼神、躲避对方的怯懦的眼神都容易使人对你产生不安或怀疑。应当注意既积极运用眼睛这一"心灵的窗户"与外界相对交流，又要注意亲切自然、稳定自信，这样一双眼睛表达出的意蕴将使你的形象更添光彩。

三、既真实又突出地层示自己的优势、优点

不是卖弄，也不是淹没，恰当地表现出你具有的某种长处、优势，会使人一下子因你的价值而重视你，为你所吸引，愿与你深交，好感便建立了。如运用你的口才，如在新班级的第一次活动中显示才能，如到某同学家时表现出教养或帮助做一些家务，等等，都是非常有助于良好印象的形成的，同学们应当留意于此。

四、分清交往对象的特点，尽可能有针对性，讲究交往艺术

这不是贬义的"逢什么人说什么话"，而是一种必要的人际关系技巧。寻找共同点并在初交中表现出这种共同点，建立共同语言，这会很快地缩短距离，使你具有一种亲和力，为他人所乐意接近。如到新环境中对新同学主动招呼、参与活动，如对上年纪的人就应表现出稳重知礼，这些都明显地影响着对方对你的看法，并决定着以后的人际关系发展趋势。

当然，第一印象是短暂的、也是不全面的。我们在同学中有了良好的第一印象以后，还须在日常交往中注意继续巩固、加深和提高印象的良好度，使你能不断建立起成功的人际关系；另一方面，即使原来因为不太注意而给人留下了某种不好的第一印象，也不必认为很难改变而灰心丧气，只要你今后在各个方面一再表现出好的形象，那么原先的不好印象也是完全可以逐步淡化和改善的。

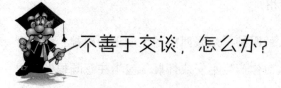

不善于交谈，怎么办？

交谈是一种艺术。美国作家戴尔·卡耐基在《人性的弱点》一书中

举了一个有趣的例子：美国某公司要高薪征聘一个具有特别能力和经验的人，应征者很多。众多的应征者中，查尔斯·古比里先生在和公司董事长进行了一席交谈后独占鳌头。原因就是古比里先生不待主方询问情况，就面对公司现代化的大办公楼由衷地赞美了一番，而后提出了一个问题："听说，28 年前，你们公司只有一间小办公室和一个速记员，是这样吗？"经他这么一提，董事长不由得高兴地回忆了自己一生的发迹史。最后他只简单地询问了一下古比里的情况，就把他录取了。

这件事告诉我们，交谈是主客两方面的事，一般涉及两个侧面：一是"听"，一是"说"。说到"听"，最要紧的是抱着信任、诚恳的态度耐心地听别人讲。别人说愉快事时，你不由得为此会心微笑；别人说烦闷事时，你不由得心神不安；别人说痛苦事时，你会忧愁在眉，甚至潜然泪下。听者的上述态度是对说话人最大的尊重，最大的鼓励，他会立刻觉得你是个谈话的好伙伴。"听"，还要让别人充分表达他自己所喜欢的，譬如往事、成绩、爱好等。大多数人有回忆往事的习惯，而成绩和爱好常常是一个引以自豪和自慰的东西，当别人津津乐道此事时，你一定不要漫不经心，兴趣不浓，使别人扫兴。古比里先生看来是深深懂得这个道理的。

当然，交谈中，"说"也是挺关键的。"说"，最基本的要求是紧扣话题，而又能随机应变。譬如大家都在谈我国足球冲出亚洲时，你中途插入拳击比赛，就不识时务了。相反，一个话题确实说得差不多了，你如果觉察在先，适时导入另一话题，由于你的承上启下，使谈话如流不绝。时间长了，大家自然而然把你看成谈话伙伴中的一个主导者。"说"，还要培养个性，或幽默、或质朴、或善辩，有了个性才吸引人。幽默，说者诙谐，听者愉快，谈笑风生，即使最沉默的人，也会在一边点额微笑；质朴，有啥说啥，坦坦荡荡，没有华丽的语言，但有真情实感，深切感人；善辩，于平淡的谈论中，挑出有启示性的问题，引起大家深一层的思考，有时一语中的，使人茅塞顿开。针对"说"，我们对同学们提出几

社会交往之自我篇

19

点建议：

一、丰富知识积累

广泛涉猎古今中外人类一切成果，充实自己，加厚自己的知识底子。交谈中辞彩斐然、旁征博引、妙语连珠，无不是言谈者内在知识学养的反映。古人云"熟读唐诗三百首，不会做诗也会吟"，我们现在面对的、能够学习的知识可远远超过唐诗三百首了。

二、说话时勿急勿躁

经过思考后有条有理、层次清楚地表达出来。把思路搞清理顺，然后清晰有序地说出来，首先务必求得自己的真意圆满表达，逐渐再注意速度节奏的运用。

三、有意识地在语言的丰富性、感染力上下功夫

做到这点需要阅读有关提高口才的书籍、或观察注意周围人语言的优点，运用于自己的语言。如语音语调的有机调控，节奏的快慢停顿，形容词的恰当使用，警句、幽默的巧妙使用，大众俗语的自然运用等等，丰富我们语言的表现力，追求语言表达的更好效果。

四、大胆尝试，坚持不懈，在实践中提高语言水平

该不要面子的时候，不要好面子，不要患得患失，谁也不是天生的演讲家、公关人员。正如学走路，跌了许多跤，可是你现在还跌跤吗？我们发现许多班干部的语言表达能力明显高于一般同学，无非是职责所在运用得较多而已。套用一句古语："此无他，唯口熟耳。"你干嘛不大胆地、积极地去运用呢？人多人少、正式非正式场合都行。

假如你不善于交谈，你就应该从听中学会说，从说中学会听，听听说说是你善谈的起步。但说话要注意分寸，要实事求是，言之有据，言

之有理，切忌说假话、大话、空话，更不能见风转舵，人面前讲人话，鬼面前讲鬼话。真心实意讲真话，孜孜以求学说话，你会成为人们心目中信得过的交谈者。

"人缘"差，怎么办？

每个人生活在社会中，都希望得到大家的友谊、支持和帮助。同学们在校园、班级中生活，也希望这样，可是并非所有人都做到了这样。有的同学在班级同学中如鱼得水，而有的同学形单影只，没有人缘。

所谓人缘，就是一个人的群众关系。一个人在社会中生活，总希望得到别人的友谊、支持和帮助，而这首先要有一个好的人缘。一个人的群众关系的好坏，原因不在别人而在自己。群众好像一面镜子，一个人在这面镜子里的形象如何，完全是他自己言行效果的客观折射。言谈话语中流露出傲气，大事做不来，小事又不愿做，脏活儿累活儿不沾边，有些娇气，这样的人，别人当然不会买你的账。一个人的人缘好不好，实质上是他的价值被别人承认到何种程度。我们不能小看这个问题，它关系到一个人的前途和事业。因为，任何人离开了人们的支持，只能是一事无成。

要做到人缘好，并不是很难的，只要从以下几方面努力，一定会收到好的效果。

一、矛头对准自己，客观、冷静地分析问题究竟出在哪些方面

是否是个性上的问题，比如不大合群，喜欢独处因而长期疏远了他人？是否有娇、骄二气，引起别人反感因而使别人疏远你？是否有点儿自私、爱占小便宜，大家对你有看法不愿与你交往？是否说话做事不慎，

21

比如好冲动，使他人不愿意答理你？等等。

二、针对自身问题，从现在做起，立即着手改正

针对个性问题，推动自己积极投身于集体之中、活动之中；针对娇气、骄傲自满的毛病，相应地锻炼、克制、消除；针对自私心理，加强道德感的培养、学习，将"我"放到班级、学校、社会去体验；针对说话做事的简单冲动，加强自身修养的磨练。以上这些可以制定计划去落实，并可以请他人监督帮助自己改正。

三、与人为善，善待他人

当然，这不是虚伪地讨好，而是真诚的善意。善意地看待和对待他人，发现他人的好处、长处、优点，好言人之善，学会赞扬别人，学会用信任去赢得信任。一个"善"字定下了人缘之所以好的基调。你的善意也会相应地使大家产生对你的善意，愿意接近你、信任你，与你交往，人缘就产生了，你周围人缘好的人正是这样做的。

四、关心他人，乐于助人

人缘好的人也必然是通过他的积极行动，表明大家都需要他，而他也乐于付出的人。那种对他人、集体抱冷漠态度，决不为别人做一点事的人，是不会有好人缘的。在对他人的关心、帮助中体现了你的价值，证明了你的为人，会产生一种自然的趋向，人们都喜欢你，喜欢与你在一起。

五、对自己的内在、外在形象进行塑造也很重要

你在这个圈子里某些方面很出众，学识才能很高，对待实际问题很有办法，言谈举止自有一种魅力等，当然会促使周围人们和你接近，有利于你扩大人缘。因此同学们要很好地塑造自我形象，丰富充实自己，

当然这同时务须注意力戒自满自傲才行。

人缘的好坏，关系到我们现在和未来（指进入社会）的地位、前途和事业，愿每个同学都以你的良好思想言行去获得好人缘。

不善于同别人沟通思想，怎么办？

当你稍稍懂事后，你就非常渴望与别人沟通思想。人与人之间，不仅需要感情的抚慰，而且需要心灵的相通。而沟通思想，既能增进感情，又能使彼此的心相近，也就是我们通常所说的"理解"。

沟通思想，有时是与同龄人，如你的同伴、同学；有时则是你长辈，包括父母亲、老师或者还有祖父、祖母、外公、外婆等上一辈的人。无论同什么人沟通思想，总得这样：

一、主动真诚

将自己的想法先谈出来。要敢讲真话，即使有些话并不一定正确。沟通本身就是一种互相切磋，要是样样都正确，也就失去了沟通的意义。说了真话，别人才能了解你、认识你、理解你。这是相互沟通的基础和前提。

二、敞开交流的渠道

生活中交流的渠道是很多的，比如，同学之间利用课余时间、上学回家的途中或节假日，一起谈谈心，可以说说自己的高兴事，也可以说说烦恼和苦闷。在家里，和父母沟通思想的机会更多了，在饭桌上，在父母闲暇时，可以随时沟通。你倘若遇到了一件难办的事，或自己想不通的事，可主动找父母诉说，父母会安慰你，指导你怎样走出困境。你

社会交往之自我篇

也可以找老师，让老师更加真切地了解你，这样师生关系会更融洽，更和谐。在班会或小组会上，也要表现出真诚和坦率，这是在更大范围内和别人沟通的途径。另外，借助书信，比如父子、母女间通信，同学间通信，师生间通信等，也是一种交流的延伸和扩展。有时候书信交流比口头交流更深刻。

三、要掌握沟通的技巧

与人沟通时，要注意倾听，倾听的时候，要面带微笑，最好别做其他的事情，并给予以表情、手势、点头等方面适当的反馈，特别是当对方有怨气和不满需要发泄时的倾听，更能显示一个人的素质和修养水平；在表达自己思想时，要讲究含蓄、幽默、简洁、生动，给他人提意见、指出错误时，要注意场合，措词要平和，以免伤及他人自尊心；与他人谈话时要有自我感情的投入，这样才会以情动人。

四、多吸收别人的优点，对他人的缺点，应多加理解和包容

当别人取得成绩时，要不失时机地给予赞扬和祝贺。这种赞美的话语会给被赞扬者带来快乐，引起积极的情绪反应。情绪具有传染性，即也会传染给周围的人给周围所有人带来快乐。"快乐"则会消融人际关系的僵局，使人际关系变得融洽。平时对一些生活中出现的鸡毛蒜皮的纠纷，不要太耿耿于怀，该忘的忘，该原谅的原谅，该和解的和解，不要太放在心上。所谓"大事聪明，小事糊涂"，把有限的精力用在做主要的事情上。

在沟通思想时，要使别人理解自己，首先自己要理解别人。理解是相互的。另外，也不要期望一两次交流便能把思想统一到一块儿。交流不仅在于具体的结果，而在于思想的沟通，在于彼此认可，互相理解。现代人讲究互相沟通思想，从小培养这种意识是有好处的。

不知如何让人了解自己，怎么办？

孤家寡人是什么事也办不成的，一个人要使自己的才华得以发挥，就应该让自己融合在群体中，得到别人的帮助。俗话说：一个篱笆三个桩，一个好汉三个帮。要得到别人的帮助，少不了让别人熟悉你，了解你；而要让别人熟悉、了解你，你就要敞开心扉，在交际活动中与人交流思想，增进友谊，培养感情。有的同学既不重视人际交往，又不善于感情投诉，所以只能闭门守舍，有了苦恼无处倾诉，遇到困难无人相助，有才能也无法施展。

人总有求于他人，怎样才能得到别人乐意的相助，这里一个很重要的决窍，就是感之以心，动之以情。有这样一个故事告诉我们如何让别人了解你，如何取得别人的信任，如何得到别人的帮助：

科学巨匠法拉第小时候家境并不阔绰，读书也不多。当他在当一名订书工时，就热爱科学，尤其对电学特别喜爱。他经常一钻进书堆，就如海绵吸水般如饥似渴地学习着。

一次偶然的机会，法拉第有幸听到了英国皇家学会会长、举世闻名的化学家戴维的讲演。在那个年头，一个被人看不起的工人，能走进豪华的演讲会场，怎能不使法拉第兴奋！他梦寐以求能得到行家的帮助、指点，今天终于能亲耳聆听戴维演讲，所以他把戴维讲的每句话都记在纸上，烙在心坎里。法拉第离开会场，到了家里后，逐字逐句地琢磨、理解、消化，竭力把戴维的讲演记录完整地整理出来。最终一份经过法拉第悉心整理，条理清晰的戴维讲演稿完整地保存在他那破旧的书桌里。

法拉第怀着对英国皇家学会会长的崇敬，向戴维发出了一封热情洋溢的信，并附上了那份经过他加工、整理的演讲记录稿，表示自己希望

25

得到戴维的帮助，给予他献身科学、继续深造的机会。慧眼识真才的戴维，被这位无名小卒真诚的倾吐、睿智的才华、执着的追求所感动，于是约见了法拉第。约见后，戴维在与法拉第交谈中，知道了这位学徒出身的订书工，竟能如此顽强地攀登着科学的高峰，当即同意收留他为自己的助手，安排在皇家实验室工作。法拉第从此虚心地在戴维门下学习、工作。如鱼得水的法拉第在戴维的悉心培育下，迅速成长，不久脱颖而出，成为电磁学的奠基人，一代科学巨匠。

我们从法拉第成材的过程中，可以看到：戴维所以能将法拉第收在门下，是由于法拉第有勇气毛遂自荐。而要自荐并为人赏识，要具备条件。在我们成长的道路上，要善于创造条件，展开交际攻势，抓住有利时机，不失机遇地促使自己成功。怎样抓住机遇使别人了解你?

要把自己培养成举止高雅、心灵美好、学识渊博、仪表整洁、友善相处的人，必须从小做起，从现在做起。千万不要学油嘴滑舌、矫揉造作、强词夺理的样子。从小学了坏样，烙在心灵上，表现在行动上，反映在气质上，会给人以极坏的印象。

质朴、谦逊、诚实、踏实比任何语言都能打动人的心，人见人爱；虚伪、狂妄、狡诈，一肚坏水的人，人见人恨。给人良好的"第一印象"十分重要。

生活在群体中，我们的一言一行、一举一动本身就是亮相，就是自我形象的曝光。哗众取宠绝不会给人留下好感；踏踏实实的工作作风受人尊敬。因为往往了解一个人，总是从听其言、观其行中一分为二地对其了解认识的。不必为让别人了解自己而"表演"，更不必担忧别人不识才而苦恼。

想树立、提高自己的威信，怎么办？

《辞海》有威信条曰："有威则可畏，有信则乐从，凡欲服人者，必兼具威信。"威信有威望和信誉之意。

我们对古今中外许多英雄人物具有的那种号召力和大众对他们的信赖、服从感叹不已，也对身边有一些老师或同学在一定范围内所具有的类似效应羡慕不已。有人自叹弗如，但同样是两只眼睛、一张嘴，别人能做到的，为什么我不能呢？我们说，只要我们"知其所以然"，并有意识地向这个"所以然"努力，威信是会从无到有建立并不断提高的。

一、建立自信心态，既不自卑也不自傲

自我怀疑、信心不足和自以为是、自信过头都有害于树立和提高你的威信，前者连你自己都不能依赖自己，何况他人？后者使他人生厌、敬而远之，易成"孤家寡人"。因此要避免以上两种情况，代之以适度的自信并在日常言谈举止中适度地表现出自信，证明其自信，这对逐步树立你的威信是必要的前提。

二、认真选择自己的努力方向并坚持不懈获得一定成功

具有某种威信的人自然是在某方面的强者、成功者，一无所长的人如何能有威信？因此要致力于锻炼，提高自己某方面的才能、实绩，能成为"多面手"最好，但能力有限，在某一专项上下功夫成为这一项的"专门家"也是完全可以的；须持久努力以期有成，不能浅尝辄止、虎头蛇尾，以致什么都知道，什么都不行。这可以说是能否产生威信的内在基础。

三、态度明确，处事明智，力戒优柔寡断或冲动简单

不管是对人对事对突遇的问题，都不可拖泥带水、迟疑不决或模棱两可，当"骑墙派"或草率决定、仓促行动，这些状况都将严重损害你的威信，因此处事的决断能力很重要，需要我们青少年从识见、实践二者努力提高。

四、考虑周密，计划周详，处置周到

这三"周"可以看成对上述两"明"的必要补充和必然要求，它要求我们认真分析、权衡，全面客观地认识和提出合理可行的意见，尽可能设想到各个方面、各个层次，并能及时根据新情况不断修正，获得最佳效果，那么威信就自在其中了。

五、讲究公平、公正，善于换位思考

能够从原则出发而不凭一时好恶，能够虚己让人而不是突出自己。做到这些，便可形成提高你威信的情感效应，其作用不可低估，我们青少年同学应在形成自身人格修养的过程中有意识地注意这些，这样，就会与众不同并令人折服。

六、注意各种"语言"手段的合理运用

平常的讲话中要力戒假话、大话、空话、废话、闲话等，应力求言之成理、持之有据，并通过实实在在的行动去体现。此外，体姿语言的运用也很重要，如目光的热忱有力、手势的疾徐舒缓、步态的稳健快捷等等，都对周围人们对你的看法具有直观的效应，不可忽视。

总之，威信的建立和提高是一个内外两方面都应努力的较长期的"工程"，但事在人为，同学们可以尝试一番。

不善于同别人争论问题，怎么办？

人与人之间就某些感兴趣的问题展开争论，是生活中的常事。争论也是人们互相交流、切磋的方式。就争论的内容而言，学习上的、生活上的，无所不适；就争论的对象而言，可以是长辈、老师、家长，也可以是同辈、同学、同伴，甚至是陌生人。

就争论本身而言，这是一件好事。巴甫洛夫说："争论是思想的最好触媒。"在争论中可以锻炼人的思维和语言能力，也可以针对某些事情得出最终的结论，便于达成一致。而小学生从小学会争论，可以增进知识，开发智力，萌发聪颖。

那么，当你与人争论时要注意什么呢？

一、争论的内容要有意思、有价值

要知道什么问题值得争论，什么不值得争论。一般说，带有知识性的问题有必要一争，这种争论是知识学习的延伸，于人有益。对一些鸡毛蒜皮的小事而大动肝火就索然无味了，这也只能证明自己的心胸狭隘、斤斤计较。

二、争论要紧扣主题

争论什么问题就紧扣这个问题，不要推而广之、旁敲侧击。在争论问题时，要意识到这是一次难得的交流机会，应用知识和思想去说服对方，不要用与争论无关的伤害对方人格的语言，把争论引向歧途。这是争论中要特别注意的问题，因为不扣主题的争论会让别人觉得你是在胡搅蛮缠、不可理喻。

三、争论要善于吸收有益的东西

争论中可以看出自己的不足和别人的长处，要学会从对方的话语中，吸收自己还不了解的东西，以增加自己的见识和争论的能力。只要是对自己有用的东西，都应该毫无保留地"拿来"，并有礼貌地致谢。

四、敢于承认自己的不足之处

当发现自己错了时，应该主动承认。不要自尊心特别强，明明错了却还逞能，不好意思认错，这是没有必要的。认错是美德，能在争论中主动认识自己的错误更是一种品德。争论中错的一方并不意味着永久的失败，而是说明我们在某一个问题上有了正确的认识，从而为将来的成功奠定基础。

五、争论要看对象

如面对的是长辈，尽可能用谦逊和温和的语言，要注意分寸和口吻；对同龄人，语言可随便、明朗些。不论同什么人争论，要有礼有理有节，不要因为一时的激动而让自己变得"野蛮"、"无礼"。

六、争论不一定要急于求得结论

有时候双方争执不下，不必非要水落石出，可以缓一缓，对方不好意思当面认输，就不要非让他认个错不可。在双方谁也说服不了谁的情况下，就不要再争论下去了，这样只能弄得不欢而散。我们可以去请教那些在这个问题上有权威的人来评判和解释，来获得结论。还有一些问题一时不能见分晓，时间长了，自己会显示"庐山真面目"了。

解决学生社会交往中经常遇到的问题

说话过于直爽有时伤人，怎么办？

某些同学性格耿直，说话爽快，不管什么场合，他心里有什么说什么，从不隐瞒自己的观点。由于说话过于爽快，无意中伤了一些人。这些同学感到直爽吃亏了，做人不能太直。

其实，直爽本身并没有错。青少年朋友心地坦白，说话直来直去，这本应是个优点。问题是不考虑时间、场合，不考虑别人的接受能力，说话过于直爽甚至生硬，往往会产生不好的效果。因此，直爽和过于直爽并不是一回事。直爽是指一个人性格耿直，说话没有顾虑；而过于直爽指的是一个人说话办事不讲究方式方法，好心不得好报。可见，过于直爽并不是优点，它应该属于被克服之列。什么东西应有个度的规定性，逾越了就容易走向反面。说话直爽是优点，但若不考虑时间、场合，不考虑别人的接受能力，过于直爽或者生硬，犹如医生给病人乱开补方一般，不对症，病人适得其反，"无意伤人"，好心不得好报。

话说回来，如果话说的直爽而伤及朋友的时候，事后务必采用与对方谈心的方式，向对方表示歉意，表明自己的意愿，以沟通思想、消除隔阂。如果持着"我的话没有错，你怎么理解是你的事"这样的态度，置朋友受伤害而不顾，则是对朋友的不负责任的态度。从某种角度说，也是对自己的不负责任。

那么，怎样才能克服掉过于直爽的毛病呢？

首先我们要认识社会的复杂性，不能把事情看得太简单。因此，我们说话办事不能太简单化，认为我有话说在当面就无所顾及。敢于坚持原则，勇于发表见解，无疑是对的。它比那种不说好不说坏的"好人主义"要强得多。但是因此而忽视人与人关系的复杂性，只满足于敢说，不追求效果，同样是不可取的。

其次我们要考虑说话的时间、场合和对象，讲究方式方法。自尊之心，人人有之。我们要时刻注意，说话办事不要伤害对方，更不能伤害第三者。要善于动脑筋，观察和掌握周围人的心理活动，区别对待，对症下药。人们常说："良药苦口利于病，忠言逆耳利于行。"但是有些人就是不愿吃苦药，听不得不顺耳的话。我们要学习医生把苦药制成糖丸，尽量使忠言不逆耳，让人易于接受。这些对于一个青少年人来说是不是要求太高了？高标准才能出高质量。作为现代社会中的一名学生，如果期望将来有所作为，就应该用这样的高标准来要求自己。

最后，性格修养也很重要。如果说过于直爽使人吃亏，那么就要吃一堑长一智，注意把自己的性格磨炼得稳重一些。磨炼性格，是一个艰苦的自我改造过程，需要坚强的毅力和持久的精神。只要我们勇于进取，肯于学习，就一定会成为直爽而不过分，含蓄而不虚伪，幽默而不狡诈的人。

总与别人发生无谓争吵，怎么办？

人们总是把激烈的语言交锋称为唇枪舌战，有时候两片嘴唇一个舌头，比真枪实弹的威力还要大。然而，针锋相对的反击虽然精彩，却无法赢得对方内心的好感。就人际关系而言，它不会给我们带来任何好处。因此，我们要尽量避免与他人争吵。

人际关系专家告诉我们：绝大部分的争吵，结果都会使对方比以前更加坚持自己的立场和观点。不管你是否在争吵中占了上风，本质上你都是输了。即使你在争吵中把别人驳得体无完肤、一无是处又能怎么样？你是可能会暂时高兴，但对方因自尊心受到了伤害，会对你产生怨恨的心理。

林肯曾经这样批评一位和同事吵架的青年军官："任何想有作为的人，绝不会把时间浪费在私人争执上。你承担不起争执的后果，如发火、失去自制等。在拥有相等权利的事物上，要多让对方一些；即使在明显是你对的事情上，你也要让一下。与其和狗抢路，被它咬伤，还不如让它过去；否则就算是你把狗杀了，你还是已经被它咬了。"

那么，该如何避免与他人做无谓的争吵呢？

其实，一个人避免发生重大错误的大好时机，往往是在他听到不同意见的时候。所谓"三个臭皮匠，胜过诸葛亮"，一个人考虑问题往往不够周全，倾听一下别人的不同意见，有时会起到意想不到的效果。其实，有不同意见，往往说明了问题也许存在着你想不到的方面。许多人在别人提出不同意见时，出于保护自己的想法和自尊心的需要，第一反应往往是反感、反驳。其实，这样只会给人留下狂妄自大、气量狭小、听不进不同的意见、没有自我批评精神的印象。

我们要做的，首先是要适当地控制自己的情绪。闹情绪、发脾气根本无助于解决任何问题。反而只能激怒对方，加剧矛盾的升级。你应先仔细倾听，让别人发表意见，把话说完，切不可立即作出回应，更不要拒绝或争论。否则，没有沟通的基础和依据，只会增加彼此沟通的障碍。只有先多听听，听了以后才有可能进行良好的沟通。听完后，仔细考虑对方的意见，用心找出彼此的共同点，因为一旦拥有共同语言，双方就容易沟通了。分歧缩小了，才能达成共识，化干戈为玉帛。如果事实证明是你错了，那你可就难堪了。一旦你发现确实是你自己错了，你应该诚实而虚心地承认和道歉，不要试图掩饰。这样不仅有利于树立自己的形象，还可以减少对方的不满和自卫心理。

当然，如果是别人错了，你也不必嘲笑指责，这样会伤害其自尊心，只能导致人际关系更为紧张。待事情过后，一般来说他也会感觉到自己的错误。

其实，无论结果谁对谁错，都应对对方真诚地感谢。因为关心，所以才会产生意见。这也说明互相有着共同的兴趣爱好，有着共同的追求。这样的话，与其与对方持对立的立场，倒不如把对方看作是能给自己带来帮助的人。或许在磨合的过程中互相还会成为朋友。

其次，无论说话做事，我们都应从容以对。如果时间允许，为什么不给对方多一些时间呢？不要急于行动，适当地停下来，将事情再多想想，更仔细地考虑一下，有时争吵的气氛特别紧张时，不妨找个借口让大家轻松一下，分散大家的注意力，给双方多一些时间思考。英国前首相撒切尔夫人的手法是"把一种面临争辩的事情暂且搁下"。你不要小看这拖延的措施，它可以产生一种意想不到的功效，那就是让双方都有机会去反省自己的错误。绝大多数人在问题未能解决前，都会自己花点时间来想一想的。如果错误确属自己，那么下一次就要有所纠正；如果错误在于对方，对方自然也会作出适当的改正或让步。

掌握了以上这些技巧，我们一般就不会随便地与别人发生无谓的争吵了，自然，便也不会放任自己白白地流失别人的好感和善意了。

总是莫名地对别人发火，怎么办？

生活中有这样一种人，当自己遇到不顺心的事时，常常对素不相干的人无端发火。有的人在家里吵了架，到外边也整天没好气，闹得周围的人不敢跟他接近。

动不动就对别人莫名地发火，这是一种很坏的习惯。它无缘无故伤害别人的感情，也使自己给人留下极其不好的印象。有人认为，心中有气发泄出来，可以痛快痛快。这其实只见其一，不见其二。这种做法虽然可以使你感到一时痛快，但它并不是消气、解愁的好办法。因为你这个火发得不是地方，往往会造成旧气未消又添新愁的恶性循环。

常常对别人莫名地发火，也是不尊重人的表现。亲人之间，同学之间，朋友之间，是完全平等的关系。因为自己心情不愉快，就对素不相干的同学、朋友发火，是极不礼貌的行为。你可能一时痛快了，可这种痛快是建立在别人痛苦之上的。如果把你换个角度，有人对你无端发火，你会怎么想呢？所以，一个时时想着别人，处处体谅别人的人，即使自己心中不快，也不会迁怒于人，更不会把自己的不愉快甚至痛苦强加给别人。

要克服常常对别人莫名发火的坏习惯，首先要学会自爱，学会调整自己的心理平衡。所谓自爱，就是不管在什么情况下，都能正确把握自己，使自己的思想和行为适应客观形势的要求，不做失去理智的蠢事。我们应该懂得：人一踏进社会的门槛，忧患往往与之俱来，谁也不可能事事称心。遇到这种情况怎么办？不懂得自爱的人往往是怨天尤人、火气冲天，到处发无名火。这样做，不但丝毫不能改变自己的不利处境，反而会增加新的矛盾，使自己陷入苦闷的深渊。只有心胸豁达、自宽自慰，才能不为暂时的不利所困扰，清醒地审时度势，迈出新的前进步伐。这才是真正的自爱。只要我们学会自爱，学会尊重别人，爱发无名火的习惯就一定能克服掉。

 ## 脾气暴躁容易发火，怎么办？

脾气暴躁常有的表现有：一发火就骂人、砸东西，甚至打人；情绪反应十分简单，缺乏幽默感，不会开玩笑，对于满意的事沉默不语，对不满意的事常会通过吵架、发脾气等方式解决；面对生活中的挫折，心理防御的方式只有一种，就是发泄；对很小的事也沉不住气；火爆脾气一点就着，什么事都干得出来，当时不能自控，事后又特别后悔；听不进任何人的劝说，尤其在情绪激动的时候。

一些人因为固有的脾气暴，容易发火。有时候为鸡毛蒜皮的小事大动肝火，很多人觉得这是人本身的脾气大，没办法改变。其实火爆脾气也是可以改变的，关键在于掌握下面的方法：

一、情境转移法

当愤怒陡出时，人有五种处理怒气的方法：一是把怒气压到心里，生闷气；二是把怒气发到自己身上，进行自我惩罚；三是无意识地报复发泄；四是发脾气，用很强烈的形式发泄怒气；五是转移注意力以此抵消怒气。其中，转移是最积极的处理方法。火上来的时候，对那些看不惯的人和事往往越看越气，越看越火，此时不妨来个"三十六计走为上策"，迅速离开使你发怒的场合，最好能再和谈得来的朋友一起听听音乐、散散步，你会渐渐地平静下来。

二、理智控制法

当你在动怒时，最好让理智先行一步，你可以自我暗示，口中默念："别生气，这不值得发火"、"发火是愚蠢的，解决不了任何问题"。也可以自己在即将发火的一刻自己下命令：不要发火！坚持一分钟！一分钟坚持住了，好样的，再坚持三分钟！两分钟坚持住了，我开始能控制自己了，不妨再坚持一分钟。三分钟都坚持过去了，为什么不再坚持下去呢？所以，要用你的理智战胜情感。俄国文学家屠格涅夫曾劝告那些易于爆发激情的人，"最好在发言之前把舌头在嘴里转上几圈"，通过时间缓冲，帮助自己的头脑冷静下来。在快要发脾气时，嘴里默念"镇静，镇静，三思，三思"之类的话。这些方法都有助于控制情绪，增强大脑的理智思维。

三、评价推迟法

怒气来自对"刺激"的评价，也许是别人的一个眼神，也许是别人的一句讥讽，甚至可能是对别人的一个误解。这事在当时你使"怒不可遏"，可是如果过一个小时、一个星期甚至一个月之后再评论，你或许认为当时对之发怒"不值得"。

四、目标升华法

怒气是一种强大的心理能量，用之不当，伤人害己，使之升华，会变为成就事业的强大动力。要培养远大的生活目标，改变以眼前区区小事计较得失的习惯，更多地从大局、从长远去考虑一切，一个人只有确立了远大的人生理想，才能待人以宽容，有较大度量，不会容忍自己的精力被微不足道的小事绊住，而妨碍对理想事业的追求。

 ## 气量狭隘，受不得半点委屈，怎么办？

有的人气量狭隘，受不得半点委屈，例如在听到别人的批评与事实稍有出入时，或是火冒三丈，暴跳如雷；或是垂头丧气，一蹶不振；或是自尊心受到侵犯，斤斤计较个人得失，丝毫不肯让步；有的人甚至怨恨难消，走上轻生的绝路。但是也有的人气量宏大，胸襟开阔，对于别人的批评责难，能十分宽容、忍让，听得进反面意见，对于误会毫不介意，能委曲求全，以大局为重。

气量的狭隘与宽容，并不是一个人的秉性，而是思想修养程度的不同。气量狭隘的人一方面是自尊心强，容不得别人对他说长道短；一方面又因眼光短浅，私心较重，在是非利害面前，不愿有丝毫亏损。气度宽宏的人也有自尊心，但能尊重他人，对于误解，善于忍让等待而不急于辩白、还击。另外，他们站得高、看得远，处处以集体的利益为重，对于个人得失，就能处之泰然。

气量狭隘怎么办？既然气量不是天赋的，那就一定能从加强思想修养着手，开拓眼界，扩大胸怀，把自己锻炼成为一个气度宏伟的人。首先思想上要树立全局的观点，事事以集体的利益为重，眼光要看得远，要看到大范围：先是国家民族，然后才是局部利益、个人利益，一切服从整体。时间也有个大范围：今天、明天、后天、今年，明年、后年，遵循事物发展的必然程序来谋求解决，不能违反客观规律急于求成。其次，在对待同学、老师、亲友之间的关系上，也要处理好。原则是：严以律己、宽以待人。俗话说：将军额头能跑马，宰相肚里好撑船。在学习、生活上，应该互相信任、互相谅解、互相帮助；受到误解和委屈，只能是坦诚相见，而不能一味心存芥蒂，怨气冲天。

从心理学的角度来看，得到称赞和尊重，是人的基本需要。人都希望自己的工作、才能、成就受到社会的重视，被别人认可，希望有自己一定的社会地位，有应得的名誉，受到别人的尊重和认可。但是现实生活中，我们会遇到相反的意见，会遇到不喜欢我们的人，会遇到批评。如何来接受？

一、先分析持反对意见人的心理特点

他是从个人的角度和利益出发吗？涉及个人利益，有的人就会偏激地反对和否定你。如果遇到这类情况，不是客观公平地看待你，那么用理解和宽容去接受。同时，为他的无知感到幼稚。如果对方的反对是在彼此理解的基础上，从大局出发的，那么我们应该认真接受批评和建议，吸收精华，改进自我。

二、克服完美主义

从相对论来说，世界本身永远也无法统一，美和丑，善和恶，光明和黑暗，幸福和痛苦，这些矛盾组合都是永远并存发展的。因此我们走出门去，遇到喜欢我们的人，也会遇到不喜欢我们的人。同样，我们会和自己喜欢的人一起学习、工作，也会有不喜欢的人和我们相处。我们无法要求我们的眼睛看到的都是美丽，也无法要求全世界的人都喜欢自己。理解和接受了矛盾的本身存在，也就理解了别人攻击和反对的正常性，理解了矛盾，坦然，而平静。

三、正确评价自我

面对批评，不是自卑，放弃，灰心，伤感，而是正确地评价自我。换个角度，心决定路。自我的正确认识，对保持健康的心态很重要。就是我们在根据有关信息、线索对自我进行评价的时候，往往会受到他人的影响，情绪的影响，外界压力的情景，同时会从本人的经验归纳出对自我的看法和观念，有时候就不免偏激。认识到这一点，评价自我就需要冷静的头脑。

凡事多疑，与他人相处不好，怎么办？

具有多疑心态的人往往带着固有的成见，通过"想象"把生活中发生的无关事件凑合在一起，或者无中生有地制造出某些事件来证实自己的成见，于是就把别人无意的行为表现，误解为对自己怀有敌意，没有足够根据就怀疑别人对自己进行欺骗、伤害、暗算、要弄阴谋诡计，甚至把别人的善意曲解为恶意，以致与人隔阂，在人际交往中自筑鸿沟，严重时还有可能反目成仇。

在现实生活中，有的人总是好多疑：别的同学相互间讲句悄悄话，疑心他们在讲自己；别人心里不高兴，脸色不好看，疑心是对着自己的；

别人到老师那里去一趟，疑心他是去讲自己的坏话；别人无意间讲句不满的话，又疑心是指桑骂槐……这种无端猜疑，会使同学间的感情蒙上灰尘，使朋友间的友谊产生裂痕，影响感情，同时也会给自己带来无穷的苦恼。

对别人的无端猜疑会引起一系列错误的行动，轻则伤了朋友间的感情，重则给学习带来严重的后果。莎士比亚的名剧《奥赛罗》，写了主人公奥赛罗因为怀疑妻子黛斯德蒙娜的贞操而把她活活地掐死。当他明白了这是奸人埃古恶意陷害的真相后，追悔莫及，自刎在其妻的身边殉情而死。当然这是悲剧。在现实生活中因为捕风捉影疑神疑鬼而引起谩骂、斗殴、凶杀的事也时有发生，可见多疑的心理常常成为悲剧、灾祸的根源。

凡事多疑，究竟应该怎么办？最重要的一点，就是尊重客观事实。对于周围的人和事，必须善于观察，善于调查研究，决不能为表面现象所迷惑，凭主观臆测，妄加判断。因为表面现象有时并不反映事物的本质。对人的认识，必须由表及里，克服表面化、片面化。

其次，要有一定的肚量。即使别人真的在背后议论自己，也不必去计较。有道是，谁人背后无人说，哪个人前不说人？几句议论又算得了什么？只要自己光明磊落、胸怀坦荡，是可以不理会别人的议论的。反之，如果去斤斤计较，疑心别人和自己过不去，微小的疙瘩也会变成无法弥补的鸿沟。

其三，好多疑的人往往自己有不够检点的地方，生怕别人背后议论自己，以至疑心重重。所以，最重要的还是自己要站得正，有了缺点错误，要敢于承认，坚决改正。

其四，对同学一旦产生了猜疑，应当直言相告，赤诚相见。待人坦率，不但可以消除误会，驱散疑云，还能更加增进同学间的感情。关系融洽，互相信任，有利于团结一致，携手前进，因多疑而引起的焦虑苦恼也就一扫而空了。

最后，如果当经过上述调整，仍无法消除猜疑心时，而且可能会越来越坚信自己有猜疑的依据，并给自己与周围人都带来较大的困扰。这时候，光靠自己已无能为力了，建议找心理医生咨询，共同找到解决的方法。

 ## 想要保持健康的人际关系，该怎么办？

人际关系就是人与人之间的信息交往。人际关系多种多样，如学习中的同学关系工作中的同事关系、上下级关系；家庭中的夫妻关系、父子关系；其他如恋爱关系、朋友关系等等。

如何处理好人际关系，需要从多种学科加以研究。

一般认为，要保持健康的人际关系，首先，必须生活在最佳状态之中。生活中常有这样的例子：一个心境愉快的人，往往同他人相处得很好；而一个心境不良的人，通常容易与他人发生争吵。所以，只有在相当程度上摆脱了情感上的不愉快，按照适当的适应性标准（社会认为有价值的标准）行动，并被认为表现出"积极心理健康"的人，才有可能同他人保持健康的人际关系。

保持健康的人际关系的另一个方面是培养自己的社会适应能力，调节自己的行为。由于社会的极端复杂、不断变化，使得人们必须对自己的行为进行调节，以适应其变化。例如，一个演员，在舞台上，他要尊重导演的意见，演好自己角色；下场之后，在公共汽车上，他则是一个普通的乘客；回到家里，就要担负起一个做父亲的责任了。同时，由于社会的不断发展和进步，他今天的行为就必须不同于昨天。需要指出的是，适应过程是动力的和相互作用的。这个过程包含了紧张、烦恼甚至骚乱。如果自己的行为调节不当，就不可能与他人建立起良好的人际关

系。例如，如果一个演员在家里也像在舞台上一样，自然家庭关系就会不和。而这种不良的人际关系，必然给自己精神上带来负担，从而影响自己的身心健康。

保持健康的人际关系的第三个方面是要有良好的自我意识。所谓自我意识，指人认识自己和认识自身与外部世界的关系，进而按照这种认识，自觉地调整自己的意识与行为，自觉地控制自己的动机和情绪。如果自我意识不良，自然就不可能有健康的人际关系。有些人由于早期缺乏正常的教育训练或者受了不良的影响，或者受了精神上的创伤。于是，在处理人际关系时，就不能恰当地使其协调起来，而陷入一种矛盾冲突与困扰之中。如果此时得不到正确的疏通，就会走向异常。正确地认识"自我意识"对于身心健康是极为重要的。对于恰当处理人际关系，更是一个重要的前提。缺乏自知之明的人，往往处境困难，由此而产生压力，影响健康，有时还会做出危害他人和社会的事情来。

生活的最佳状态，良好的社会适应性和良好的自我意识是保持健康的人际关系的三个主要方面，而健康的人际关系则是人们保持身心健康，防治身心疾病的前提。事实也证明了，人际关系不良与某些心因性的躯体疾病及许多心理障碍有一定的关系。因此，我们希望广大的青少年建立起良好的人际关系，使自己成为一名积极的、适应能力较强的社会成员。

社会交往之亲人篇

想和父母很好地交流，怎么办？

小时候，我们总是缠着父母，把父母的话也完全奉为真理；随着我们的长大，个头高了，眼界也高了，逐渐与父母之间不那么能很好地相处了，彼此也互不沟通、缺乏理解了。这常常导致家里的矛盾，父母和我们自己都很不愉快，于是我们嫌大人"不理解我们"。那么我们有没有去积极理解大人，或者说积极主动与大人很好地相处、交流呢？要改变我们与父母之间不理解、有隔阂的现状，我们应做些什么呢？

一、尊敬父母，表达孝心

对自己父母的尊敬，应是一种发自内心的、持久的感情，不能因自己年龄的增长以及将来身份、地位的变化而改变。学生时代，我们应在人生观、道德观、责任感形成的同时，注意孝敬父母之心的强化和体现。如早晨起来向父母问好，放学回家向父母打招呼，如记住父母的生日向他们致以祝贺，如父母不顺心时多为他们宽解，等等。当你抱怨父母时想想你对父母做了哪些吧，理解是相互的，爱也是相互的。

二、认真听取和充分尊重父母的意见、要求

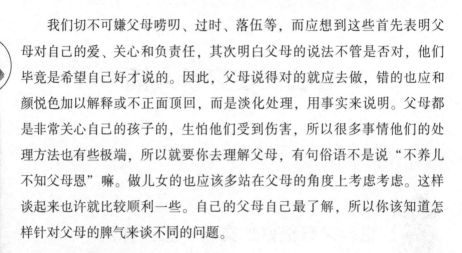

我们切不可嫌父母唠叨、过时、落伍等，而应想到这些首先表明父母对自己的爱、关心和负责任，其次明白父母的说法不管是否对，他们毕竟是希望自己好才说的。因此，父母说得对的就应去做，错的也应和颜悦色加以解释或不正面顶回，而是淡化处理，用事实来说明。父母都是非常关心自己的孩子的，生怕他们受到伤害，所以很多事情他们的处理方法也有些极端，所以就要你去理解父母，有句俗语不是说"不养儿不知父母恩"嘛。做儿女的也应该多站在父母的角度上考虑考虑。这样谈起来也许就比较顺利一些。自己的父母自己最了解，所以你该知道怎样针对父母的脾气来谈不同的问题。

三、正确对待父母的缺点错误

"人无完人"，父母当然也一样。父母也许有些旧思维、老习惯，也许不善言辞，也许脾气较暴躁，也许有些固执，也许仅仅是不像别的父母那样"有本事"、那样有钱有势，我们做子女的都应充分理解，而不应苛求，要知道父母爱你、为你成长所付出的一切是难以用言语表达的。你先深记这点，再主动争取理解，情况就大不一样了。

四、遇事主动向父母请教

寻求父母的帮助，借鉴他们的人生经验指导自己是我们在成长过程中必须做到的。只要你这样做，首先会大大拉近你们的距离，其次你会发现你对父母不以为然的那些意见原来还有其独到之处而受益匪浅呢。

另外，一定要心平静气地和父母沟通，最好是能把父母看成自己的好友。发生了争执的话，要先想想自己在这件事情上有没有做的不太好的地方或者是不对的地方。如果是自己的问题要自己反省改正错误；如果是父母有什么不对的地方，不要与其争吵，要坐下来与父母沟通一下，

相信父母也会接受你的看法。只有这样才能更好的与父母沟通，加深彼此的理解。人与人之间，是"以心换心"的，只要你们双方互相坦白，互相交流思想，实际上是没有什么代沟的。

与父母缺乏共同语言，怎么办？

共同语言就是在对待大多数事情上，你们看问题角度和处理问题的方法没有很大的分歧或有较大的相似，他（她）在发表对一件事情的看法时你能猜出他（她）大概的想法并能认同。随着年龄的增长和社会的不断变化，还有不断地看到新的事物，获取新的知识，学生们往往觉得与父母之间的共同语言越来越少。很多人把这种现象归结为代沟，是不同时代的人之间缺乏了某些共同的东西。其实不管是不是有代沟，他们始终是疼爱我们的父母，要解决没有共同语言的问题，我们可以试试以下的方法：

首先，我们要爱父母，同父母沟通思想。如果一个人连自己的父母都不爱、都不敬，何以爱天下人、敬天下人？爱父母不是空洞的，而要在日常生活中去体现。善于理解父母、体贴父母，是加深与父母沟通，寻找与父母交流的共同语言的基本前提。与父母有了思想的沟通，有了共同语言，也是对父母的爱的一种回报。现在不少同学都是独生子女，从小接受了许多宠爱，但是否曾想到对生我们养我们的父母回报同样的爱呢？比如，主动了解父母近阶段的情况；征求父母对某些问题的看法；倾听父母说他们的那个时代的经历，了解父母的内心世界；经常主动向父母汇报自己的学习生活情况，向父母公开自己的秘密等等。正由于我们懂得了对父母的爱，我们就自然会想到以上举动，那么父母和我们之间就有说不完的共同语言了。

其次，还要注意选择适宜的时机与父母交谈。有时父母正忙于事务，或在思考问题，就不宜打扰；有时父母遇到问题，心烦意乱，也不宜去与父母交谈。要趁父母休息有空闲时，特别是心情比较愉快的时候，就父母感兴趣的问题，与父母交流思想，加强感情上的沟通。父母为了这个家庭，每天都在不停地忙碌着，不理你或许是因为工作太忙。在不适宜的时刻去打扰父母，那样会让父母分心，甚至影响他们手上的工作。

再次，与父母缺少共同语言，可能有下列情况存在：一是父母文化素质层次高，对子女要求严格，自己与他们距离太大，几乎没有"平起平坐"的说话机会。二是父母读书少，素质较低，出现"谈不拢"现象。解决的办法有两点：一是加强学习，善于学习父母的长处，不断丰富、提高自己，缩小与父母的距离，如待人接物、言谈举止等等；二是帮助家长提高文化素养，有意识地在家中创造一些文化氛围，如听一些文化录音、歌曲，推荐一些好的书刊，提供一些外界的信息，开阔父母的眼界，提高父母的鉴赏分析能力。当然还有可能是因为父母的脾气不好，这个时候，就应该了解情况，积极主动地去宽慰父母。尽最大的努力让父母从烦恼中解脱出来，这样也就增强了与父母的感情，再聊起天来也就显得更有共同语言了。

最后，我们要防止因为与父母缺少交流，共同语言少，造成一切事情自作主张，不商量，不请教，情感淡化，表情冷漠，甚至走向极端。这对自己、对家庭、对社会都是不利的，我们千万要注意，遇到类似的情况，要及时请老师和朋友帮忙。

父母过生日，怎样表示祝贺？

每当唱起生日歌时，同学们一定会记得自己过生日的那种热闹场面，一定会想起父母为自己买的生日礼物，心头会涌起阵阵暖意……但是，同学们是否也记得父母的生日呢？如果父母过生日，又该怎样表示祝贺呢？

对于父母来说，如果孩子能记得他们的生日，那是很大的欣慰。如果生日那天，孩子向他们表示祝贺，他们就会更加高兴。表示祝贺的方式有很多，同学们会选择哪一种呢？

一、送上他们喜欢的礼物

同学们平时要和父母多交流，了解他们的爱好，如他们所喜爱的图书、服装等。如果在他们生日那天，给他们送上一份平日喜爱的东西，一定会给他们一个意外的惊喜。

二、帮助料理家务

父母出于爱护，或让子女多花一些时间在学习上，平时很少让子女做家务。在父母生日那天，同学们可以主动料理家务，譬如整理居室、洗碗、洗衣服等，让父母轻轻松松地休息一下。这不仅会让我们的父母感到欣慰，对于子女来说也会感到莫大的快乐。

三、送上一份良好的学习成绩单

其实父母心里最希望得到的，莫过于子女在学习上能取得优异成绩，为此他们不抱怨家务的繁琐，不抱怨工作的压力，而是一心一意地盼望着子女能在学习上有长远的进步。因此，同学们若是能够在父母生日时向他们报告自己在学习上的进步，以及取得的好成绩，那将是他们过生日时最好的礼物了。

四、举行外出庆祝活动

外出活动可以放松心情，消除工作的疲惫和压力。如果父母喜欢旅

游，生日时又恰逢节假日，同学们不妨主动提出陪同父母外出旅游，或是邀请亲朋好友到郊外进行野餐活动，表示对父母生日的祝贺。如果父母喜欢看电影、看戏这样的娱乐方式，子女也可以主动买票陪同父母一起去看电影或看戏，共度甜美幸福的快乐时光。

五、举行生日聚会

如果经济条件许可，可以搞生日聚会，邀请亲朋好友一起为父母祝贺，使场面热闹，气氛热烈。通过这样的方式聚齐平时见面少的亲戚朋友，让他们来一起分享父母亲的生日的快乐，这不仅会让父母更加开心，也极大地增进亲朋好友之间的感情。但要注意不能铺张浪费。

六、书信祝贺

在生日前一天写好一封贺信，表达自己对父母生日的祝愿，在生日那天恭敬地交给父母。有能力的最好凸显出自己独特的写作方式和文采，让父母从书信中从新认识自己，可以采用书法形式、绘画形式等。

七、利用报刊、电视、广播等媒体祝贺

同学们可以通过电视台、广播电台及地方报纸，在父母生日那天，为他们点一首他们所喜爱的歌曲或献上几句生日祝词。当一家人开心的看着电视或者听着广播，或者一起围坐着看报纸上的生日祝福时，那是多么温馨而甜蜜的时刻。

祝贺生日的方式多种多样，采取哪种方式最佳，需要靠自己平时与父母多交流沟通，了解他们的兴趣、爱好；同时要注意，采取的庆贺方式应使他们感到生活的实在、温馨和乐趣，避免产生岁月匆匆的伤感情绪。

奶奶和妈妈闹纠纷，怎么办？

奶奶和妈妈都很疼你，视你为掌上明珠，你也很爱他们。可是她俩之间却总不大融洽，还不时在你面前相互指责对方，碰到这种情况，该怎么办呢？

奶奶和妈妈是两代人，生在不同时代，经历不同，生活习惯不同，以往的生活环境也不同，又各有各的个性，加之沟通不够充分，有些矛盾并不奇怪。你完全可以利用她们俩都很爱你这个优势，做些沟通工作，化干戈为玉帛。具体做法如下：

某一方在你面前指责对方时，你可适当做点解释工作，但要防止听者认为你在为对方辩护。这一条听起来似乎有点难办，其实并不难掌握。如：奶奶指责妈妈不够关心你，尽在单位里忙。你可拐弯抹角地说："妈妈年终得了奖金，自己舍不得买件新衣，我身上穿的这件新衣服爸爸不同意买，还是妈妈硬给买下的呢！"妈妈指责奶奶太溺爱你，把小孩都宠坏了。你说："妈妈，上次我和您顶嘴，奶奶都批评我了。"请注意，说这类话的时候，不要用反驳的口气，而是选适当的时机像聊天似的说出来。

找出双方矛盾的症结所在，做点"专题研讨"。你完全可以从奶奶和妈妈指责对方的话语中，分析出双方矛盾的症结所在：是教育下一代的观念、方法不一致，还是生活习惯上差异太大？是经济上的问题，还是感情上有隔膜……在这些矛盾中，谁又占主导地位？这些问题搞清了，便可以着手做"专题研讨"了。这种研讨又包括语言和行动两个方面。例如：属于感情上的隔膜，奶奶觉得妈妈对她不尊重，妈妈认为奶奶拿自己当外人，你可以向奶奶大谈妈妈如何教育你要尊敬奶奶，甚至撒点

善意的"谎"，把爸爸让你送给奶奶的东西说成是"妈妈叫我送来的"（当然你得事先与爸爸订好"攻守同盟"）；对妈妈你也可如法炮制。平时，你还可以提议搞些有利于她们联络感情的活动，如郊游、看电影等，你的生日也是她们联络感情的好机会，可别轻易放过。

如果奶奶和妈妈当你的面发生冲突，公开指责对方时，你可不能袖手旁观，任其发展。因为这时最适宜当消防队员就是你了。最好的办法是：在冲突即将爆发前，有意打岔，转移注意力；如果战火已起，则应两面劝，最好能将其中一方劝离现场，稍加安慰，再去劝另一方。待双方冷静下来，再利用你的特殊身份做工作。但要切记，只能疏导，不能帮腔。

最后你还要注意几条：

（1）不利于双方团结的话坚决不传；

（2）有利于双方团结的事多做；

（3）你的爸爸是你最好的"同盟军"，要争取他的配合；

（4）如果你的外婆是个通情达理的老人，也不妨动员她做做妈妈的工作；

（5）别忘了你的"优势"，适当地撒撒娇，必要时"威胁"她们俩一下（"如你们再吵，我就不理你们了"），也未尝不可。

父母之间发生争吵，怎么办？

父母之间的争吵本无可厚非，偶尔的小"吵"，或许有益，但如果僵持不下，局面一直紧张下去就会破坏家庭和睦，同时也会对家里的儿女产生不良影响。从另一个方面说，父母吵架，对作为儿女来讲其实是最头疼的，两边都是亲人，帮哪边都不是，所以这是一个很棘手的问题，那么该如何去做呢？

一、利用自己在父母心中的地位，消弭父母之间的战火

孩子在父母心中有着很重的份量，当他们为生活中的琐事发生争吵时，孩子出来劝阻，往往会取得较好的效果。可以对父母表示，争吵影响家庭声誉，也不利于父母的身体健康，因此要求双方各让一步，恢复家庭生活的平静和温馨；也可以强调，争吵会使自己无法安心学习，影响将来的升学和择业，而且父母争吵对自己的心理健康发展也是有害的。这些话，对争吵中的父母有一定的镇定作用。

二、请父母平时信赖的亲戚朋友或邻居出来劝说

这样做的好处是，父母往往会顾及他人的情面，停止争吵，各自诉说吵闹原因，劝说者则加以疏导和调解，让他们心平气和地解决矛盾，重归于好。这是最省事最省心的解决途径，但是也有一些父母不愿外人知道家庭内的争吵，所以我们就不能擅作主张叫来亲戚朋友或者邻居。

三、平时多与父母交流

若发现父母之间有矛盾，自己就应努力不使矛盾激化。可以对报刊、电视报道的一些家庭问题的事例，发表自己的看法，并与父母讨论；也可以对家庭中的一些事务，提出自己的处理意见，尽可能为父母分担一些难处；平时多与父母聊聊天，活跃家庭气氛等等。想方设法使父母冷静下来，或拉着他们其中一方到外面走一走，使他们暂时分开；或故意讲一点逗乐的事情或笑话，缓解紧张的气氛。

四、及时承认错误

如果父母的争吵是因为自己引起的，譬如因为自己犯了错误，那么，及时承认错误，就可以息灭争吵的导火线。再譬如，因为父母对自己的

社会交往之亲人篇

教育方式各执己见，你的态度就是控制争吵的刹车柄了。如果父母是因为自己的学习、生活、花钱等问题产生矛盾，自己应该诚恳地与父母一起交换意见，加强沟通和理解。倘若自己的行为确实有不妥之处，则必须坚决地、及时地调整和改正。总之，对这一类的父母争吵，你有较大的控制主动权，也有更大的责任。

五、不能偏袒一方，更不能参与争吵

公正的立场最重要，千万不要在感情上对某一方有所偏袒，更不能在背后当着一方说另一方的"坏话"，也不要当着外人的面讲父母的不是，以免使矛盾复杂和激化。否则，就不可能大事化小，小事化了。

父母离了婚，怎么办？

离婚是近年来十分突出的现象。人们都渴望有和睦安宁的家庭生活，因为家庭环境影响着子女的成长。一旦父母离了婚，受害最大的往往是子女，子女当然不希望父母离婚。但是，万一父母离了婚，该怎么办呢？

一、理解和尊重父母的选择

我们国家的法律规定，公民有婚姻自由，这就是说，公民既有结婚、在一起共同生活的自由，又有离婚的自由。实际上多数情况下，父母离婚有着较为复杂的原因，作为子女，应予以理解。可能是双方真的不能继续与另一方相处下去，感情破裂无法愈合，再强求对两个人都会是折磨和煎熬。这里面可能并不涉及谁对谁错的问题，即使有，我们也不能因为父母离了婚，而把他们（或其中某一方）看作是"仇人"，因为毕竟他们是生我们养我们的父母。只要他们认真考虑过，并两厢情愿地表示要离婚，我们也没必要为此过多地难过和痛苦，而应当表示理解。

二、始终如一地尊重父母，关心父母，保持和父母之间的亲密关系

父母离婚后，作为子女，你将和父母中的一方生活，和另一方就会分开，这时你应该做到：

1. 始终把对方当作自己的家长和亲人，利用电话、书信、见面等形式保持和他（她）的联系，经常了解、关心他（她）的情况，以免造成双方过分的生疏和隔阂。

2. 经常把自己的一些情况（包括学习和生活等方面）主动告知父母，遇有困难，可以向他（她）提出，寻求他（她）的帮助和支持，从而密切你和不在一起生活的父（母）的感情。

3. 你和父母中的一方一起生活时，也应该注意：

（1）经常和父（母）在一起。父母离婚后，他们的心情可能不好，这时，你多和父（母）聊聊天、说说话，可以起到相当大的安慰作用；

（2）不在他（她）面前故意说另一方的不是，导致父（母）的心情变坏，可以避开另一方，找一些开心的话题；

（3）当他（她）又遇到合适的对象，准备重新成家时，你应予以理解和支持，而不能横加阻拦。

三、如有可能，努力促合他们

父母离婚后，经过一段时间的分居，如果双方有重新结合的愿望，你应设法给以支持和帮助。比如，把父母各自的想法通知对方；时机成熟时，请原来的亲朋好友出面牵线撮合等等。这样的事情也是很多的，并且这样的结果也是我们最期待的。

四、不能因此对生活悲观失望

要懂得这可能对父母来说是一个很好的选择。而父母唯一担心的就

社会交往之亲人篇

是你的生活和想法。这时候一定不要再给刚刚离婚、心情还不稳的父母增加额外的负担，而应该更加积极努力地搞好学习和生活。这将是一个新的开始，要求你学会自理，增强自立意识。同时，你应该想方设法让自己放松心情，尽量减小父母离婚给自己带来的消极影响。

总之，父母离婚会给你带来不利影响，但你要冷静对待，相信你一定会处理好和父母之间的关系，克服这一困难的。

怎样和继父（母）相处？

由于种种原因，一些同学生活在由生父（母）与继母（父）组成的家庭里，因父母中有一位不是自己的生身父（母），所以在感情上往往显得不融洽，有时甚至产生较大的隔阂。那么应怎样和继父（母）相处呢？

一、要像对待生身父（母）那样孝敬继父（母）

我们中华民族自古就有尊敬老人、孝敬父母的传统美德。春秋战国时代思想家孟子就提出"老吾老，以及人之老"的观点。意思是，奉养我的父母进而推广到奉养别人的父母。古人尚且有这样的情怀，我们就应该做得更好些。况且继父母不是"别人的父母"，仍然是养育你的父母，这是其一。其二，从法律上讲，继父母虽不是自己的生身父母，但与子女仍然存在密不可分的关系。《中华人民共和国婚姻法》等二十一条规定了继父或继母和受抚养教育的继子女间各自的权利和义务，就是对这种关系的保护。

二、要想方设法促进与继父（母）的感情交流

由于世俗偏见，人们往往认为继父（母）是后妈后爹，对子女很凶。

实际上继父（母）也有很多苦衷，对孩子严了，人家说，到底不是亲生的，那么凶！要求松了，人家又会说，故意放纵孩子。其实就是生身父（母）又怎样呢？打骂孩子也是常有的事，因此，作为子女应理解继父母的苦衷，将心比心。通过日常的生活尽量增加与继父（母）的接触，向他们敞开心扉，使继父（母）进一步了解你的思想、志趣、性格；要多同继父（母）交谈，了解他们的想法，生活、工作上的艰辛和欢乐；了解他们对子女的要求和希望。在学习之余尽量帮他们做些家务劳动，要关心继父（母）的身体，特别是在继父（母）身体不适时更要注意嘘寒问暖。人是有感情的，相信通过日常生活的相互关心，继父（母）和孩子之间的关系会处得像生身，父（母）与孩子之间的关系一样好。

三、要理解尊重继父（母）与生母或生父之间的感情

即使继父（母）对孩子不喜欢，也没有必要感到悲伤、苦恼，要认识到父（母）有父（母）的生活，我们也有我们自己的生活，因此千万不能向生身父（母）搬弄继父（母）的是非，不要因孩子而影响到继父（母）与生身父（母）之间的感情。当然，如继父（母）对孩子做出有违道德，甚至触犯法律的事那就另当别论了。此时，孩子就要拿起法律的武器，勇敢地保护自己，向丑恶行为作斗争。

其实对于继父（母）来说，他们这种角色是一种挑战，甚至有人把它说成是"不可能的使命"。他们的角色与亲生父母有着很大的区别。亲生父母在孩子一出生就当上了，但继父母则可能在孩子发展历程的任何时候走进孩子的生活。一般而言，女儿需要 3~5 年的时间才能接受继父或继母。当然，在每个家庭中需要的适应时间是不同的，有的快一些，有的则久久不能被接受，被看做是家庭的闯入者。

父母错怪了我，怎么办？

父母错怪孩子虽有失察之过，但他们的本意实在是爱子心切、恨铁不成钢、望子成龙等等，总之希望自己的孩子出类拔萃。当然，某件事情不是你干的，硬说是你干的，这种不容分辩的误解对任何人都是难以容忍的，这在家庭生活中也时有发生的。但如果这种事发生在你身上，千万要沉住气，要能克制自己，避免因过分强烈的反应而加深彼此之间的误会。我们的具体建议是：

一、耐心听完指责

对父母的责怪、训斥要耐心听完，以便弄清他们是在什么事情、什么问题上对你产生了误解。这样一方面可以知道父母的想法，另一方面也为自己的辩白寻找突破口。待父母说清楚之后，就可以针对他们不明白或者误会的地方进行解释和辩白，而不至于因为盲目而使事情变得更加复杂。

二、适当进行解释

当父母错怪我们时，我们要理解父母的爱心，不要抱怨他们。要坦诚地向父母讲述事情的原委，让其了解事情的全过程和真相，消除父母因不了解情况而产生的片面认识。在讲述中，要勇于承担责任，不要掩盖自己的错误，这样，有利于父母作出客观的判断。如果确实因父母把问题搞错了，只要适当做些解释工作，只要事情本身比较简单，父母情绪又比较平稳，误会马上就会消除。

三、暂时保持沉默

许多事情不是三言两语就可以解释清楚的，一般事发时父母的情绪又比较激动，你越解释，他们可能越发火，与其如此，不如静下心来不说话，虽这样做有默认过错的危险，但对缓和紧张气氛，减少对父母有伤感情的刺激，从而真正解决问题是有好处的。

这又分为两种情况：一种是假如父母脾气比较执拗，自己一时说服不了他们，则应冷静，避免硬碰硬而闹成僵局，可变换方式与父母沟通，或用书面形式，如日记本、留言条等，或通过亲朋好友、老师、同学、邻居，向父母作出细致的解释，以消除他们对自己的误解。另一种是假如父母对自己有些偏见，当其错怪时，一时无法让父母相信自己，那么，不妨耐心等待，寻找阐释事情原委的机会。若一时没有机会，也不应该耿耿于怀，而应要求自己对父母的错怪进行淡化处理。相信总有一天事情会真相大白，而误解会冰释。

四、设法悄然退出

沉默不语不容易，争辩解释又会激化矛盾，在进退两难时，不如设法暂时离开父母，独自到一边去。当你听不到那些刺激性的语言，心情就会慢慢平静，父母找不到数落的对象，怒气也会慢慢消失。

无论采取什么办法，最终目的都是要弄清事情原委，帮助父母消除误会，待大家都心平气和时再进行详细的解释，要避免使用刺激性语言，更不要责怪埋怨父母一时的不当。当一切真相大白时，父母一定会为错怪你而后悔，你可千万不要忘记给父母以体贴的宽慰。切忌因为父母的误解对父母失去信任，更不要因为一时误解采取过激的行动。父母误解、委屈子女的事总是偶然才发生的，要多想想平时父母对自己无微不至的关怀，多想想他们往日的亲情。

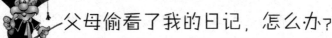
父母偷看了我的日记，怎么办？

有的学生喜欢记日记，这应该说是一种好习惯。记日记，把每天的所见所闻、所思所想、所言所行记录下来，既可以促使自己开动脑筋，养成勤于思考问题的好习惯，又可以促使自己"日三省吾身"，提高自己的思想品德修养；还可以锻炼提高自己的写作能力，是一举多得的事。日记是学生的知心朋友。在日记里，你可以毫无保留地宣泄自己的情绪，表达自己的思想和见解，使自己达到心理平衡。正因为如此，日记中所记述的内容有不少就成了你的"隐私"，不想或不愿让别人知道，更不愿让父母知道。

但是，如果父母偷看了你的日记，该怎么办呢？

一、尽快冷静下来，努力去理解你的父母

父母为什么要偷看你的日记？绝大多数父母都是因为望子成龙、望女成凤，怕子女年少无知、交往不慎，或有其他不良的思想行为影响他们的成长，是急于了解他们，才偷看他们的日记的。父母的动机是好的，没有坏心，也绝不会把你的秘密公之于众。《未成年人保护法》第 2 章第 10 条规定：父母或其他监护人应当以健康的思想、品行和适当的教育方法教育未成年人，引导未成年人进行有益身心健康的活动，预防和制止未成年人吸烟、酗酒、流浪以及聚赌、吸毒、卖淫。你的父母是你的监护人，对你的健康成长有不可推卸的责任。他们是因为爱你，怕你受到伤害，想要更多地了解你，才偷看你日记的。作为子女，应充分理解父母的爱心，原谅他们的错误。

解决学生社会交往中经常遇到的问题

二、应平心静气地和父母交谈，交换看法

如果发生这样的事情，告诉他们：偷看别人的日记（包括子女的日记）是侵犯他人的"隐私权"，是不道德的，是犯法的。《未成年人保护法》第4章第30条、第31条规定：任何组织和个人不得披露未成年人的个人隐私，不得隐匿、毁弃他们的信件。你还应该让父母明白：人是一个复杂的整体，让别人知道自己的一切不一定是好事。即使父母和子女之间，也应该各有一方属于自己的天地。不窥探别人的"隐私"，既是对别人的尊重，也是对别人的信任。父母尊重子女的隐私权不仅有利于培养孩子的独立精神，而且有利于加深父母与子女自己的信任感，加强子女在家中的安全感，使之更加热爱这个家，更加尊敬父母。父母要了解子女最好通过日常生活中的观察、交谈，或通过子女的师友和其他长辈、同事、同学，从侧面了解。

三、应由此得到启示

尊重别人的隐私权就应不主动去打听别人的隐私。即使别人信任你向你谈了他们的隐私，你也不能去宣扬，如果宣扬出去，不仅侵犯了别人的隐私权，而且也从此失去了朋友，更会让人耻笑。

四、吸取教训

鉴于被父母偷看了日记的教训，你今后应该注意把日记放在别人不易发现的地方，或把记日记的地方加上锁，等等。甚至可以直接对父母说：不要看我的日记。

社会交往之亲人篇

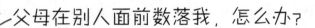

父母在别人面前数落我，怎么办？

一些家长对子女有"恨铁不成钢之心"，这是好心。他们心里想的是：我责怪你是"为你好"。在他人的面前动不动数落自己的子女，不分场合，不顾及子女的自尊心，这虽与父母的素质不高有关系，但他们的出发点是爱之切，教之严，我们做子女的要理解父母的这种心情。

对父母数落的语言，要认真分析，是自己的缺点，就得承认，并认真改正，切不可认为伤了面子而对父母不满，甚至顶撞。当然父母的指责有时也会过火，甚至是错的，这可以在事后向他们作解释。

父母常在他人的面前数落你、指责你，不论其数落、指责的内容对或错，这种行为本身，就对你自尊和尊严是有所伤害的，是不利于父母与子女融洽关系的。但是，如果你当面顶撞，就更为严重地伤害了父母的自尊和尊严，也是没有礼貌、没有教养的表现，影响了你在别人心目中的形象。如果你隐忍一时，却心怀芥蒂，则意味着你与父母的关系产生了一道不浅的裂痕，这也很糟糕。

只有一种选择：尽最大努力改变现状。

要分析父母指责的原因，有的是父母对自己的某些行为不满意、不赞成；也可能是对某些问题两代人有不同看法，没有及时沟通，各自固执己见；也可能是自己长期表现不佳，使父母形成了偏见；也可能只因为父母的性格因素，等等。总之，要分析，然后对症下药，及时与父母交换看法，沟通思想，这样才可以避免不愉快的事情发生。

同时，子女要最大程度地发掘自己的潜力。在学习上要努力奋进，争取取得好成绩，得到老师和同学们的好评；在生活上要增强自己的自理能力，要积极帮助家里进行家务劳动，成为父母的好帮手；在精神上要乐观开朗，积极主动地与他们友好交往，加强自己的"人缘"建设……总之，要尽一切努力让身边的人都觉得你是一个积极上进的人，自己变得优秀了，那父母还怎么在别人面前说你不好呢？

要注意的是，千万不要在父母不顺心时诉说自己的不满，甚至埋怨他们，应当选准时机，准备充分，委婉地向父母陈述自己的看法，让父母感觉你已长大成熟，对你多一份信任、多一份尊重，从而创造出一种新型的家庭关系。

 ## 与父母产生意见分歧，怎么办？

当我们与父母对某一事物的观点不一致，而父母又不肯改变自己意见的时候，在多数情况下，我们的第一个反应就是生气；或者与父母唇枪舌剑，据理力争；或者拂袖而去，不理不睬。我们很少能平心静气地想一想，父母为什么有不同意见，甚至不知道父母的本意是什么。

一般说来，一个人年纪越大，人生经验越多，对问题的考虑就越周到。当然，与此同时，也容易形成僵化保守的看法，甚至产生偏见。而年轻人的经历相对较少，思想上还没有形成那么多的条条框框，容易接受新事物、新观点，考虑问题也比较灵活。但是，年轻人又由于生活阅历不够，考虑问题时，容易失之片面、肤浅。如果你与父母都能认识到两代人各自的优势与劣势，并努力理解对方意见中的合理成分，你和父母不但能够"化干戈为玉帛"，而且还会从对方那里得到一些有益的借鉴。

一个人看问题的角度往往与他过去的经历和现在的状况有关。因此，了解父母的个人经历，你才会理解父母。你可以心平气和地想一想，父母的看法究竟是什么？他们为什么会有这样的看法？如果你认为自己的

61

观点很有道理，那么，也同样看一看父母的意见是否也有一定的道理。如果回答是肯定的，那么，你最好首先肯定父母观点中有道理的地方，然后再申诉自己的意见。即使你认为父母的观点完全不对，也不应用挖苦和顶撞的语气对父母粗暴，甚至怒吼，以免伤害父母。缺乏尊重的态度不仅会使父母拒绝改变固执之见，而且还会在你与父母的心中埋下彼此疏远甚至对立的隐患。当父母与你观点不一致时，最好的办法是控制自己冲动的情绪，等冷静下来，再谈问题。如果你实在不能控制自己，最好找个借口离开现场，先把这个话题放到一边，等大家都心平气和时再谈。

如果你与父母中的一方关系较为融洽，可以先和他（她）讨论这个问题，说服了他（她）之后，再请他（她）去说服另一方，其效果比你硬顶好得多。人们常说"凡事要设身处地为对方想一想"，这在心理学上叫"心理换位"。就是站在对方的角度和立场上，替对方考虑一下：如果我是长辈，我能同样子女的这种做法和说法吗？有了这种谅解精神，许多矛盾就容易解决了。

另外，你还可以适时邀请一两个好朋友到家里来讨论这个问题，让你的好友发表他们的意见，届时也请你的父母参加讨论。如果父母知道你与同龄的孩子都有类似的想法和意见，就容易理解并接受你的意见。因为父母与你的朋友没有习以为常的那种家长作风，可能比较客观地听取"外人"的意见。

最后，当发生意见分歧时，两代人都应抱着互相尊重的态度，仔细倾听对方的意见。尤其是当子女的，更要尊重长辈，不要随便顶撞。如果是一般的小事，不妨迁就一下。如果是比较要紧的原则性问题，也应在事后再与他们商量。你还要牢记，和你一样，父母有坚持自己意见的权利，也有权表达不愉快的情绪。作为子女，你应该尊重他们这种权利，这样他们才会尊重你的权利。在与父母商讨的过程中要切记：相互让步是必需的，而且，子女应多做让步。

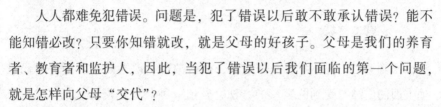

犯了错误或成绩不好，怎样告诉父母？

人人都难免犯错误。问题是，犯了错误以后敢不敢承认错误？能不能知错必改？只要你知错就改，就是父母的好孩子。父母是我们的养育者、教育者和监护人，因此，当犯了错误以后我们面临的第一个问题，就是怎样向父母"交代"？

应该诚恳地向父母检讨自己，并同父母一起分析犯错的原因，并表示改正错误的勇气和决心，这样最容易得到父母的谅解和帮助。这是一种直截了当的方式。应选择父母情绪比较好、时间比较充裕的时候说，还应及时说。

如果自尊心比较强，明知犯了错误，但自己很想向父母当面承认，不妨采用书面形式。

1. 日记本。人人都有一点小秘密，这些秘密不易向他人坦露，却能把日记本当作知心朋友，在此中一吐为快，宣泄一番。犯了错误以后，对自己的检讨和反省，对别人的歉疚，以及今后弥补错误后果的措施，都可以在日记中细细写来，如果这些内容让父母看到了，当然是一种很好的"交代"。通过日记本与父母沟通，透露日记内容的方式可在有意无意之间，得知父母看过了日记，不必明说或追问，达到双方的心领神会就是很好的效果。

2. 留言条。通过留言条承认错误，应该写得简短而诚恳，让父母一看就明白。如果父母看过后，希望当面交谈，进一步了解情况，则不应拒绝。

有些家庭的家教、家规很严，而父母的脾气又比较急躁，一些同学犯了错误，害怕向父母汇报后，父母一时怒气难忍，会遭打骂。这时，不妨请亲朋好友、老师、同学或邻居出面，陪自己向父母诉说所犯的错误。父母当着外人的面，都是比较克制和冷静的。

除了犯错误难开口之外，就是成绩不好难以启齿了。所谓"成绩不好"，一般是指平时考试成绩。假如平时某一次考得不好，怎样告诉父、母亲呢？总的原则是：方法要巧，不能欺骗。

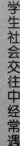

一、营造气氛

回到家后，先不急着报告成绩，用讲故事、说笑话或者报告自己其他方面的成绩、受到的表彰的方法，营造一种欢快轻松的气氛，然后再婉转地说出事实。这样，父母不但不会责怪，还觉得你很机灵，对你充满信心。

二、请教父母

这是最积极的方法。把自己做错了的题，写给父母亲看，请他们帮助解决。即使已经订正了，也可以这样做。如果父母亲不会，可把同学请来讨论，在讨论中说出自己没考好的地方。这样，用主动学习的态度和行动婉转地透露出事实，父母亲也会原谅你。

三、请老师帮助

如果父母亲是简单粗暴的恨铁不成钢的态度，开口骂，抬手打，那就把实情告诉老师，请老师家访，进行解说。老师是不会直接简单地告诉事实的，父母亲也总是会相信老师话。这样，就可以避开父母亲的"雷霆大怒"。

需要说明的是，以上哪一种方法都不能常用，最好的方法是将优异的成绩告诉家长。

父母在同学面前说话不得体，怎么办？

　　谁不想自己的父母说话水平高一些，能够在同学面前展现他们的修养。但有些同学家长由于没有读过多少书，文化水平不高，对学校的情况也不太了解，或者对一些社会现象认识不够正确，在同学面前说话不够得体，使自己在同学面前感到有些难堪。这时候，你该怎么办呢？

　　首先，寻找机会打岔，转移话题和大伙的注意力。这是最常用也最有效的方法，但要注意时机的把握，不能直接打断家长的表达。因为此时家长说话正在兴头上，直接制止不但扫他的兴，使他觉得丢了面子，容易与你发生冲突，也使你的同学处于两难的境地：是劝你家长呢，还是制止你呢？同时，这样做，加深了同学们对你家长的不良印象，只会使你更加难堪。如果你能在发现家长说的不够得体时，就巧妙地转移话题，这种尴尬的局面就可避免了。家长可能会因此注意到自己的不周之处，而同学们也不会去计较那么多，你也就得救了。

　　其次，可在平时多向家长作些介绍和解释，让他对学校、同学等各方面情况有个正确的了解，这样可以避免家长在同学面前对这类问题妄加评论；还可以利用所学知识，帮助家长提高对一些问题的认识；也不妨举些别人家类似的例子，让他明白自己说话不得体，使自己的孩子陷入了多么难堪的境地；也可以委婉地提醒家长要注意自己在别人面前的形象。总之，一定要努力避免与家长发生冲突，伤家长的心。

　　第三，经常陪家长或者给家长看一些关于语言合理表达方面的电影，或给他们讲述并探讨一些实例，让他们明白说话得体的重要性和说话不得体的影响。还可以经常与家长聊天，用自己的语言慢慢影响他们，达到潜移默化的效果。家长会或多或少地受到影响，到时候就会注意自己

社会交往之亲人篇

的说话方式和内容了。同时，可以事先跟要与家长见面的同学们提前做个介绍，说自己家长说话的方式和不足之处，这样一来，同学们心理上有了准备，再见到你的家长就不会觉得有什么问题了。

第四，当你不在场的情况下，如果家长已在同学面前说了些不得体的话，也不必过于恼火。既然事实已经如此，我们只有找补救的办法，可以向同学作些解释工作。例如：家长过去没读过多少书，文化不高；这几天家长身体不适、情绪不大好等等。只要你自己各方面都不错，同学们是不会为此就看不起你的。

最后再说一点：如果你的家长历来就是一位说话常常不够得体的人，在他的性格中这些已经根深蒂固了，你的各种努力都改变不了他。那么我奉劝你，尽量减少他与同学接触的机会，以免引起不必要的麻烦。

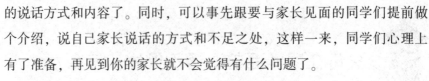

父母反对我与异性同学交往，怎么办？

有很多同学常常感到困惑的是，父母总是反对自己与异性朋友交往。不少家长对孩子的异性交往十分敏感，生怕孩子早恋，耽误学习；更怕孩子与异性发生越轨行为，产生不良后果。因此，家长对孩子的异性交往大多数十分关注，并保持高度的警觉。

然而，学生又不能缺少异性交往。这是他们心理和生理走向成熟的标志，符合他们身心发展特点，也是适应社会、认识世界和自身的一种必不可少的方式，对于完善自身、促进男女之间互相取长补短是大有裨益的。

与异性同学交往要注意应采取集体的异性交往，而避免"一对一"的单独约会。个别异性同学偶尔到家里来，你应当大方而不拘谨地向父母介绍对方，不要吞吞吐吐，躲躲闪闪。否则，父母会生疑心。即使某位异性同学对你"心向往之"，有意识接近你，你也不必向父母撒谎，把你自己的态度向父母表明，并坦然地与那位同学正常来往。集体的异性交往可以开阔每一个人的眼界，不使自己对某一位异性"想入非非"，它是培植异性友谊之花的沃土，也是父母最乐于接受的子女交往方式。

父母是否支持你与异性交往，这和你平素与父母的沟通情况也有关。不少中学生自认为长大了，思想成熟了，因而与父母的关系也开始疏远陌生了。他们每天来去匆匆，在家的时候，常常把自己关在小屋子里；虽与父母同处一个屋檐下，却犹如生活在两个世界里。孩子一举一动必然会引起父母过分的关注和担心。沟通良好的家庭，父母一般都会对孩子的交往采取宽容和放心的态度。

如果我们在与邻居交往的过程中，与邻居家异性同学关系很好，大人反对，该怎么办？

首先应该明确自己与异性同学之间的关系是友谊还是恋爱。中学生在青春期有对友谊的渴望，也有对异性的渴望。如果与邻居家异性同学迷恋不舍，到了茶饭不思的地步，那就是恋爱了。如果仅仅是有好感，没有如痴如狂，那还是友谊。无论怎样，你应该与自己信赖的人商量，让他们替你出出主意，找到解决问题的妥善方法。当然，最后的判断还在于你自己。

其次，如果你与异性同学之间的关系只是纯真的友谊，那你就不能放弃这种可贵的友谊，而应该坚定信心，让你的父母明白自己与邻居家异性同学之间仅仅是友情关系，说服他们改变观念。既要让父母知道自己的心思，又要认真地听取父母的教诲。因为他们毕竟具有中学生所没有的见识和经验。友谊就像鲜花一样，无须刻意修饰，只有与自己信赖的父母相互沟通思想，听取父母的意见，你与异性同学之间的友谊之花才会常开不谢。

第三，如果你与邻居家的异性同学发展到恋爱阶段，那么你就要清醒一点，设法停止这种关系。中学生尚未成年，是不能谈恋爱的，陷入情网，既不利于学习，也不利于身心健康。如果面临了这样的情况，就更应与父母沟通思想，取得他们的帮助，把自己从迷惘中解脱出来。你要在父母的指导下与对方妥善地处理好关系，最好是中止恋爱但仍保持友谊。千万不能走极端。

 ## 取得了优异成绩父母要重奖我，怎么办？

做父母的，看到自己的孩子取得了优异成绩，心里当然很高兴。他们往往会情不自禁地给孩子一定的奖励，以表达自己对孩子的爱，同时也是为了鼓励孩子去争取更大的进步。这是好事情。因为父母的奖励，是对孩子进行教育的一种手段和方法，只要奖得有意义，不管是什么奖励，也不管是轻奖、重奖，都是合乎情理的。

但是，在取得了优异成绩之后，面对父母的奖励，应该怎样正确对待呢？

首先，要分析父母给予的奖励（特别是重奖）有没有意义，如果父母给予的奖品对自己有一定的激励作用，就是有意义，可以接受。否则，最好是婉言谢绝。

有的同学取得了优异成绩后，父母很高兴，为了奖励孩子，利用寒暑假带这位同学外出旅游。通过旅游，该同学饱览了祖国的大好河山，领略了异地的风土人情，陶冶了思想情操，而且，还学到了许多课本学不到的知识，在自己的人生道路上，留下了美好的回忆。

也有的同学在取得了进步之后，父母买了一套世界文学名著等图书作为奖品。这样的奖品不仅具有纪念价值，而且还具有激励、教育作用，更加激发了该同学的学习积极性和求知欲，使这位同学下定了决心，力争更上一层楼，取得更优异的成绩。

还有的同学取得了优异成绩后，父母重奖了一笔钱，让他（她）自己支配。该同学想到了好几种处理办法：一是把钱存入银行，以备将来不时之需，必要时还可以取出来贴补家用。二是利用这笔钱支助公益事业，如捐助"希望工程"，参加"献爱心"活动，帮助家境贫困的同学等等。同时，他（她）还勉励自己戒骄戒躁，更加发奋努力，争取更大的进步。

可见，上述几例重奖不但有意义，而且起到了积极的促进作用，产生了非常良好的效果。如果都能像上述这些同学一样，把父母的奖励当作对自己的鞭策和鼓励，还有什么不能接受的呢？

然而，也有一些父母在子女取得了优异成绩后，只知道花上一笔钱给子女买一套昂贵的时装或饰品，或者带子女上高档饭店吃一顿。虽然从奖品来看，很贵重，但是，却没有什么意义。不但不能对子女产生多大的激励、教育作用，反而，有可能助长子女追求时髦，崇尚奢侈，给子女的健康成长带来不良影响。面对这样的重奖，我们要向父母说明道理，婉言谢绝。或是建议父母拿这些钱去购买其它更有意义、更有价值的奖品奖给自己。

其次，不要用金钱的多少来衡量奖品的轻重。自己取得了优异成绩，父母给予一定的奖励，是爱心的体现和流露。只要是父母的奖励，不管奖品是什么，也不管价格的高低，即便是父母亲手制作的一页书签，一张贺卡，甚至哪怕是短短的一句赞美的话，其中都深藏着父母的一片深情，一片爱心，都是难以估价的，应该同样珍惜。同时，更应谦虚谨慎，发扬成绩，继续努力，争取更大的进步，以报答父母的爱心与鼓励。

拿到"压岁钱"父母要我上交，怎么办？

过新年是忙碌了一年的人们休憩、欢聚、祝福的开心时刻。而对中学生来说，还有一层成人无权享受的欢愉——拿"压岁钱"。随着社会经济的发展，如今我们收到的压岁钱已不再是几角、几元了，而是几十、几百、甚至上千了。欢愉洋溢在我们的脸上，可当我们数着一张张充满喜气的压岁钱时，也同时"数"来了把压岁钱上交父母的烦恼，甚至于因此伴随着种种对父母的反感。

其实，我们不要把向父母上交压岁钱，看成是父母在滥用他们的权力。有多少孩子因用压岁钱买了自己喜欢的"玩艺儿"而沉醉其中，耽搁了学习；又有多少孩子因从小花钱没有节制，养成好吃懒做的习惯，最后走上歧路的……这些事实不仅震撼着父母，而且给了他们深深的教训。所以，压岁钱的上交所反映的不是权力，而是父母的责任，理解他们的责任感是我们首先应达到的思想境界。在这种理解上，我们可以和父母静心讨论这份压岁钱的用途：如果是我们自己想用这笔钱，只要使用合理，相信父母会通情达理的。我们没有赚钱的能力，也不理解赚钱的辛苦和不易，能否把每一分钱花在刀刃上，使钱尽其用，父母是我们最好的启蒙者。况且如能合理地计划、运用这笔钱，不仅会得到家人的赞同，而且还会是一次理财能力的锻炼。

如果因家中有事，父母须动用你的这笔钱，我们做子女的应该体恤父母操持家财的不易，为父母排忧解愁，要知道尽孝是我们中华民族的传统美德。切莫蛮横地认为这钱是给我的，就是我的，别人无权过问。因为尽管这是亲戚朋友给你的钱，但在我们这个礼尚往来的国度里，以礼相还，也是一种传统，你父母迟早是要还这笔"礼"的。

如果父母只是从责任的角度要求你，要你上交这笔钱，而你也没有什么大的安排，可以把这笔钱存入银行，既可以得到些利息，又可增加个人存款，以备急用。

总之，只要理解了父母，相信我们的烦恼、反感都会消失，我们也会在压岁钱前，逐步走向成熟。

解决学生社会交往中经常遇到的问题

社会交往之师长篇

怎样给老师留下良好的第一印象？

从第一印象所获得的主要是关于对方的表情、姿态、仪表、服饰、语言、眼神等方面的印象。它虽然零碎、肤浅，却非常重要。因为，在先入为主的心理影响下，第一印象往往能对人的认知产生关键作用。

马上就要和新老师见面了。刚进学校，我们或多或少都会感到有点激动和紧张。面对一个新环境，面对一个新老师，我们会想到很多：见了老师该说些什么，怎么说？做些什么，这样做了是否能给老师留下良好的第一印象？……种种问题搅得人心里有点不安。

怎样给老师良好的第一印象呢？

第一次和老师见面，首先应尊重老师。老师们有丰富的知识和实践经验，他们是"传道授业解惑者"，他们关心和教育着我们的成长，在一定程度上代替了父母的部分职能。因此，我们应当尊敬他们，见到他们要彬彬有礼地称呼或者主动打招呼，要表现出自己真诚的而不是虚假的崇敬之情。这样，老师就会认为我们是个讲文明、懂礼貌的学生，也就为给老师留下良好的第一印象。

新组建的班级往往会有许多事务性工作，例如打扫卫生，发放书本等等。这时，我们应主动帮助老师做好这些工作，并尽可能在做这些工作时表现自己的条理性。这样，也会给老师留下较好的第一印象。

第一次与老师见面时，要注意自己的言行，要克制自己为个人打算的欲望。积极主动地去做些帮助他人，善待他人的事，显示出你对别人的关心和热情。例如：发书时发现破损的可自己先留下来，然后设法调换；打扫卫生时应争干脏、累的活，事事先替别人着想，肯"吃点亏"，这样，老师看到了或听说了，也会对我们留下较为良好的印象。

第一次与老师见面，还不妨注意穿着朴素、整洁、大方，让人看起来舒服、顺眼。因为一切外表的东西，包括容貌、衣着等都会通过眼睛摄入心里，形成第一印象，当老师对我们的心灵美尚不甚了解时，穿着的朴素、整洁、大方既表现了我们的文明，也表示了对老师的尊重。这样，也能给老师留下较为良好的第一印象。

第一次与老师见面，要显露自信和朝气蓬勃的精神面貌。自信是人们对自己才干、能力、知识素质、性格修养，以及健康状况、相貌等的一种自我认同和自我肯定。心理学家指出，一个人要是走路时步履坚定，与人交谈时谈吐得体，说话时双目有神，目光正视对方，善用运用眼神交流，就会给人自信、可靠、积极向上的感觉。当老师看到你自信的模样和朝气蓬勃的精神面貌时，无论如何对你都会有一个良好的第一印象。

第一次与老师见面，要显示出待人不卑不亢。不亢，就是不骄傲自大。不卑，就是不卑躬屈膝，做出讨好、巴结别人的姿态。前者引起别人反感，后者则有损自己人格。在见到老师的时候，不能因为希望老师以后对自己多照顾一点就显示出卑躬屈膝的样子。

良好的开端往往也是成功的一半。第一次与老师见面就给老师留下个好印象，一方面有利于自己今后的发展，同时由此也会初尝成功的喜悦，带给自己更多的则是继续夺取胜利的力量和信心。如果不慎给老师的第一印象并不好，也不要为此耿耿于怀，在以后的学习和生活中，你

可以努力让老师渐渐对你改观，逐渐形成在老师心目中的好印象。

怎样与老师进行交往并建立友谊？

我们常说"尊师爱生"，就是指要在师与生之间建立起和谐亲密的关系，这种人际关系对我们日常校园生活的情绪情感和我们的学习、成长都是很有益的。那么，怎样才能形成师生之间良好的人际关系，开展交往和建立友谊呢？

一、要注意尊敬老师

平时同学们遇到老师应主动行礼问好；进门或相遇时要让老师先走；与老师交谈时，一般应取站姿，且要求姿态端正；要注意听老师的讲话，勿东张西望、心不在焉或随意插言、抢话头；进入老师办公室，应先敲门，得到允许后再进入，未经允许不能乱翻老师的书本物品；学生不应开老师的玩笑，不能对老师油嘴滑舌甚至有意捉弄老师（如对年轻老师或新来班的老师），等等。全社会都要尊敬老师，何况我们学生！

二、关心、爱护老师

老师生了病还坚持上课，我们应积极配合、帮助处理具体事务；住院或在家时我们应探望、照顾。对年老体弱的老师，更应多关心，如照顾老师坐着上课，如帮老师做一些家务事，等等。老师遇到什么棘手的问题，如果我们能够帮助解决的应积极帮助解决，或为老师分忧。

三、充分尊重老师的劳动

充分尊重老师的劳动，就是要上好课，学好知识。这是最能有助于

师生良好关系建立的途径了。上课敬礼时，作为同学应态度认真，行注目礼，问好清楚响亮，在老师回礼后再坐下。听课时，要注意力集中，认真记笔记，积极思考和回答问题，应举手和起立发言，经老师允许再坐下。下课时，应起立目送老师离开后才可自由活动或出门。如果老师讲课有误，一般应课后真诚地向老师提出（个别笔误、口误等可随时提醒更正），不能起哄、有意出老师的"洋相"，这会使师生关系大为恶化的。

四、正确对待老师的过失，委婉地向老师提意见

心理学的研究发现，人们会对没有缺点的人敬而远之。其实，根本不可能存在没有缺点的人。老师不是完美的，如果他有的观点不正确，或误解了某个同学，甚至有的老师"架子"比较大，或是太严厉，这都是可能的。发现老师的不足要持理解态度，向老师提意见语气要委婉，时机要适当。如果老师冤枉了你，当面和老师顶起来吗？不行，这样不但无助于问题的解决，还会恶化师生的关系。暂且忍一忍，等大家都心平气和再说。不管怎么说，老师是长者，作学生的应该把他们置于长者的位置，照顾老师的自尊心和面子。

五、犯了错误要勇于承认，及时改正

有的同学明知自己错了，受到批评，即使心里服气，嘴上也死不认错，与老师搞得很僵；有的人则相反，受过老师一次批评心里就特别怕那个老师，认为他是对自己有成见。这都是没必要的。错了就是错了，主动向老师承认，改正就是好学生。老师不会因为谁有一次没有完成作业，有一次违反了纪律就认为他是坏学生，就对他有成见。相信老师是会全面、客观地评价学生的。与老师关系融洽既可以促进学习，又可以学到很多做人的道理，会使你一生受益无穷。相信你能做到这一点。

解决学生社会交往中经常遇到的问题

六、通过其他方式

良好的师生关系还包括通过一些有形的方式表现出来，如教师节赠以谢师卡，联欢活动主动请老师参加、师生同乐等。

你如果这样做了，一定会和许多老师建立起良好的关系、亲密的友谊！

 ## 想给老师提意见，怎么办？

古语说："一日为师，终身为父。"古语又说："天下无不是的父母。"如此说来，莫非天下也无不是的老师吗？其实，这种说法是不对的，最好的老师也有做错事的时候。老师有了不是之处，该怎样给他提意见呢？

我们应该明确，提意见的目的是为了帮助老师纠正不足，进一步搞好教学工作。因此，提意见时应注意做到如下几点：

一、态度要真诚，语气要和缓

向老师提意见时必须真诚，让老师感觉到你所提的意见是经过深思熟虑的、是非常认真的。提意见的时候，特别是对好强的老师，说话的语气要和缓，千万别以指责的口气说："老师，您……不好"，"老师，您很……"，"您怎么这样……"等等，你可以说："老师，……样是不是更好""老师，我觉得……样是不是也可以"等等，总之，尽量采用老师能接受的语气。

二、提意见不要夹杂私心

如果老师在课堂上讲错了某个问题，同学们可当面提出自己的看法，

75

但不固执己见。若考虑可能会影响老师上课进度，或有损老师的威信，可在课后找老师谈自己的看法。如果确实是老师错了，还应要求老师在下一堂课上讲清，使全班受益。因为同学们提意见是为集体或老师着想的，并不是为了达到个人目的，那么这样的意见是一定会为老师所接受的。

三、提意见不要损害老师的尊严

若老师在处理问题时确实有不准确的地方，而同学们又感到确实该给老师提意见时，也应注意表达的艺术，讲究方式方法。最好以建议方式提出供老师参考，或者与老师个别交换意见，不宜在公开场合批评、指责老师；在虚心倾听老师的看法后，要讲清自己知道的事实及自己的想法，谈话中留有余地。如果老师一时不能接受同学们的意见，同学们也要善于等待，因为老师的思想转变也会有个过程的。当然，同学们也可利用等待这段时间来反省自己的意见是否有不对之处，是否需要修改，经分析后再同老师交换意见。只要是善意的、建设性的意见，老师总是愿意接受的。

四、可借助其他力量

如果同学们提意见后得不到老师的采纳，或表面接受，实际上坚决不改，而所提的意见又确实是个原则问题，如不被采纳将有损于老师的威信和学校的工作。这时，同学们不妨借助其他老师的力量帮助做些工作。这种方式，是一种迂回，同时也对老师施加了压力，其反应可能会比较强烈，应该慎重应用。

五、适当的赞美和批评

和你们任何一位同学一样，老师有他的缺点，但也有他的优点，不能片面地放大老师的缺点，应该看到老师好的方面。在提意见的时候也一样，特别是写信。你可以肯定一下老师平时你比较喜欢的地方，再提一些意见，比如："您是个很有责任心的老师，你给我们上的课在……方面我们同学都很喜欢，但我想……样可能会更好，是不是可以考虑一下呢？"可以针对不同的情况，采用不同的说法。

总之，作为学生，我们应当尊重老师，作为朋友，我们也应当帮助老师。对老师毕恭毕敬唯唯诺诺未必就是尊师，向老师直抒己见，表达不同观点未必就是不尊师。关键是怎样给老师提意见。只要注意以上几点，只要所提的意见是有意义的，那么老师一定会接纳你的意见的。

发现老师的错误，怎么办？

人非圣贤，孰能无过？老师在讲课时，在批改作业和试卷中，在处理各类纠纷时，错误在所难免。发现了老师的错误，你该如何指出？

概括起来说，就是要理解、体谅，诚恳、礼貌，注意场合，讲究方法。

一、理解、体谅

教师在上课时，既要思考，又要讲课，既要板书，又要组织教学，有时顾此失彼，出点差错，实在不足为怪；本子改多了，头晕脑胀，忙中有错也在所难免，调查不全面，处理纠纷失之偏颇也会发生。

俗话说，金无足赤，人无完人。作为教师，当力求完美，作为学生则不可以此为标准来要求老师。对老师出现的错误，要理解体谅，不要因此而有意无意地贬低老师。正如同学们各有不同一样，老师也各有不同，有教学经验多少不同，教学水平高低不同，语言表达能力不同，教学风格不同，等等。对水平高的老师应该尊重。哪一位老师不想提高自己的教学水平呢？但是，教学水平的提高有一个过程，影响因素也很多，不是一下子就能达到理想水平的。所以，急躁、埋怨、反感，都不合适。尊重老师的劳动，这时就需要拿出实际行动配合老师，帮助老师提高教学水平。

二、诚恳、礼貌

要从尊重老师、维护老师的威信出发，真诚恳切地指出老师的错误，以保证其讲课的科学性、评判的公正性、处理问题的正确性。切不可自以为了不得，甚至以此为笑柄，在背后议论、取笑。

老师偶尔讲错了，学生如果讥讽、嘲笑、起哄、取闹，是最下策。因为抛开对老师是否尊重不谈，这样做不仅伤害了老师的感情，挫伤了老师的积极性，而且还会直接影响教学效果，到头来受害的还是学生。同学们当然不愿取此下策了。不嘲笑，不取闹，郑重认真地当众给老师指出来，自然不错，但这也不算上策。因为，抛开有些老师，特别一些年轻老师，能否放下架子不谈，这样做也会影响课堂的教学效果。其实你发现的那一点错漏，对于全班同学领会知识要领也许并无妨碍，而你一指出错漏，为此可能要花好几分钟或更长的时间来处理。师生的思路都被打乱，还需要重新组织教学，这也会影响教学的效果。课下跟老师单独谈也许是挺不错的办法，但也只能算中策。

那么上策是什么？是不知不觉中间接地帮老师纠正补充错漏。比如，课上老师正引导大家研究解题思路，你发现了偏差，赶紧不失时机地在讨论中谈出看法。又如，在作业上似不经意中给老师一个暗示……这样帮助了老师的同时，也成熟了自己。

三、注意场合

一般来说，应尽量避免在公开场合指出老师的错误。因为人的认识和个性各不相同，在公开场合指出，有的老师会觉得有失面子，一时难以转弯下台，也易使少数同学对老师产生不正确的认识。尤其要注意不可当着其他教师或学校领导的面指出老师的错误，这会使老师处于尴尬的境地，也易引起师生间的矛盾和对立情绪。

四、讲究方法

这点十分重要，要注意选择适当的时机，如在老师特别忙的时候，或情绪不佳、身体不适之时，不要去干扰老师。在与老师交谈时，措辞也要尽量得体。如："老师，你看这道题我该怎么答呢？"（而不要说："老师，这道题你改错了。"）或者说："老师，有道题我想请教一下，可以吗？"总之，要以征询求教的口吻与老师交换意见。

总之，只要你注意了以上几点，老师不仅会愉快地接受你的意见，还会为自己学生的求真求实的钻研精神而高兴，会因此更加看重你的。

 老师对我产生了误解，怎么办？

学生被老师误解肯定是件很难过的事，我们每个人都愿意得到别人的肯定与认可，教师赞同、肯定式的评价可以使学生心情舒畅，从而可以快乐地在学校学习、生活。而误解是教师对学生一时的错误看法和评价，会使学生陷入严重的苦恼之中。

不少同学也许有过这样的经历：自己虽花了很大气力，成绩仍然不太理想，老师却认为你不用功；有的同学不守纪律，干扰你听课，你提醒他，老师却批评你不守纪律……被老师误解了，确实是让人苦恼的事。那么，在这种情况下，该怎么办呢？

一是直接找老师交谈，把事情的真相告诉老师。如果这件事很关键，不说清楚会影响后面的学习，就应尽早找老师解释。选择合适的时间在

老师与你都心平气和、气氛不紧张时说，合适地点是在外人尽量少，更容易开口的情况下，因为这样轻松的环境更有利于解决问题。但要注意措辞得当，态度要真诚；只说明事实，不要流露出责怪老师的情绪。相信大多数老师在明白真相之后，误解会随之消除的。如果这件事不是很关键，那可以利用偶尔和老师在一起的时候说出来，因为时间推移了，人的情绪平静了，更容易把事情说清楚。

二是写封信给老师，把自己被误解后的痛苦心情倾吐出来（或者在周记及其他书面形式中反映）。只要你情真意切，不发牢骚，不怨天尤人，老师会被感动的。

三是采取迂回战术，不谈被误解之事，而是诉说自己如何花了很大的气力，但成绩总提不高，请问老师怎样才能提高学习效率。再如：请问老师怎样才能排除干扰专心听讲等。在与老师的交流时，他一定会明白事情的真相，知道自己误解了你。

四是把情况告诉家长或要好的同学（尤其是老师信任的同学），由他们在适当的时机，采用委婉的方式让老师了解到真相（千万不要由家长去指责老师，那样会适得其反）。如：某次测验或考试后，由家长到学校与老师交谈一下，说明孩子每天在家花了多少时间学习，怎么总不见成绩提高？双方共同商讨帮助你的方法。这样既可得到老师的指导，误会也自然烟消云散了。

五是不作任何解释，明白人生在世，被人误解在所难免，相信"路遥知马力，日久见人心"，更加注意自我完善，勤奋学习，不断向比你成绩好的同学讨教学习方法，努力提高学习成绩；平时严格遵守纪律，上课更加注意听讲。只要你拿出实际行动来，老师对你的误解会改变的。

六是主动接近老师，变误解为理解。师生间由于年龄的差异，角色不同，所处环境也不相同。如果你能与老师多接近，多进行心灵的交流与沟通，做到心心相印，息息相通，误解最终会变为理解的。

七是要学点辩证法，从正面来认识老师对你的误解，以消除由此带来的心理压力。老师对你产生了误解，固然反映出他对你不够了解，但同时不也正表现了他对你的注意与关心吗？误解的背后往往蕴含着的是殷殷之情。体会到了这一点，你便不会因被误解而苦恼，一定会变压力为动力。使正注意与关心着你的老师看到你的进步，逐步对你有全面的正确的认识与了解。

最后，有的老师蛮横不讲理或处理学生问题方法欠妥；有的学生确实违反了纪律，却不能正确地认识，一味地认为是老师的误解。这时候学生就该课下寻找一位自己信赖的教师咨询一下，或者向班主任、校领导反映一下，以期得到公正、合理的结果。

 老师在班上批评了我，怎么办？

美国总统林肯说"世人都喜欢赞扬"。每一个人都喜欢被别人称赞，哪怕只是一句夸奖的话，而且特别是得到老师的表扬，就会一整天乐滋滋的。那如果是受到了批评呢？你是怎么样对待老师的批评的？我们处在这个年纪，正是叛逆期，对于老师的批评，总是把老师推到自己的对立面，总认为老师故意和自己过不去。不知道大家知不知道，一棵长歪的小竹子，如果不及时扶正，而让它任意弯曲生长，等到它长大时，你再来扶正它就来不及了。如果用力将它扶直，那么竹子就会爆裂开来。你后悔也不来及了。所以当老师批评我们的时候，应该是自己好好反思……

老师在班上批评同学是常有的事。在老师批评别的同学时，你可能无动于衷。但批评你的时候，你的第一感觉一定是觉得非常难堪，特别是你还未曾有过此类"不幸遭遇"，再加上自己是一个自尊心很强的学生，那一定会让自己羞得无地自容。

其实，静下心来想想，老师在班上批评你，并不是为了让你难堪。老师的出发点通常有两个：

一是小事一桩，顺便在班上点一点，提示你注意罢了，如果喊到办公室个别谈，反而显得小题大做，过于严肃。

二是问题较严重，除了对你进行批评教育外，更重要的目的在教育其他同学，以免有再犯者。

不管属于哪一种，不管老师的批评态度如何，面对老师的批评，你应该把注意力集中在老师讲什么上面，从老师的批评中吸取能帮助你认识错误的语言，认真思考自己错在何处，寻找犯错误的原因。老师一般会在批评后指出如何改正的途径和避免犯此类错误的注意事项，这些你都不妨记住，事后按老师的要求去做。这样你会觉得不仅没有丢面子，同学也不会因此瞧不起你，因为你已经把缺点改掉了。如果你因此而整日愁眉不展，总觉得同学瞧不起自己了，老师也对自己有看法了，不然怎么会在班上公开批评自己呢？总带着这样的想法，势必造成不良的后果，让同学总想到你受批评的事，并对你产生一种心胸狭窄的印象。

有的同学老师在批评自己时会公开表示抵触情绪，他的出发点有两个：

一是认为老师批评自己，让自己丢了面子，如果自己俯首帖耳，低眉顺眼显得太无能，以后同学会瞧不起自己，所以斗胆顶撞老师几句，以示自己的"英雄本色"，来挽回面子。

二是发觉老师批评自己时，话中与事实有出入，感情上不能接受，从而产生了对立情绪。

产生第一种想法的同学出发点本是想挽回面子，殊不知结果适得其反，因为对错大家自有公论，明摆着自己错了，反而与老师顶嘴，定然会在同学中造成恶劣的影响。

第二种情况可能是很多同学的共同"遭遇"了。老师在批评我们的时候，难免有些出入，我们应该先听老师把话说完，如觉得与事实出入较大，可以当时举手，阐明事实原委，这不属于狡辩。如果出入不大，主要错误还在于自己，就没有必要当场解释了，事后向老师说明一下就可以了。

总之，我们面对老师的批评，不必苦恼，更不必耿耿于怀，你可以找老师解释，但要注意选择时机和场合，避开老师的盛怒，找机会心平气和地同老师谈话。如果你无论如何解释，仍然改变不了老师的看法，不妨冷处理，将它暂时搁置一边，让时间、让自己的行动慢慢向老师证实。

自己与老师发生矛盾，怎么办？

在学校里，学生和老师朝夕相处，有时会由于各种原因造成误会，产生分歧，与老师产生矛盾，从而影响师生关系，甚至影响学生的学习情绪。实事求是地讲，师生间的误解是常有的、正常的。关键在于如何解决矛盾，处理好师生关系。

如果学生与老师发生矛盾怎么办呢？

一是要认清教师与学生的矛盾中有几种关系，即长者与幼者的关系，领导者与被领导者的关系，平等的同事关系，朋友与朋友的关系，教与学的关系，主导与主体的关系。教师与学生的矛盾是这些复杂关系所构成的综合体。

二是要以充分的事实为根据，分析自己与老师的矛盾是上述哪种关系上的矛盾，是一种关系上的矛盾，还是几种关系上的矛盾。千万不要乱猜疑和瞎判断，要学会实事求是的科学方法和公关艺术，主动解决问题。

三是判断准确后，确定解决矛盾的方法。如果是由你不尊长、老师不爱幼引起的长者与幼者关系上的矛盾，你就主动热情地尊长，促进老

师爱你；如果是由你思想道德差或不守纪律又不听老师的指导、教育、帮助引起的领导者与被领导者关系上的矛盾，你应当承认错误检讨缺点，主动积极接受老师的领导和教育，取得老师的谅解；如果是由老师辱骂、体罚、打击、勒卡等行为引起的民主平等同事关系上的矛盾，你应找老师谈话或写信，请求老师尊重你的民主权利和平等地位，如果再解决不了，只好请校长帮助；如果由于你对老师没有感情引起的朋友关系上的矛盾，你应主动热情地接近老师，以诚相见，有困难请老师帮助解决，你再帮助老师解决工作上的小困难，时间长了就能增加感情，消除隔阂；如果由你不愿意学习或不努力学习引起教与学关系上的矛盾，你必须下决心努力学习，只要有进步，老师一定会喜欢你的；如果由你在学习和各项活动上不积极主动热情引起主导者与主体关系上的矛盾，那么你的积极主动热情进取就是解决这种矛盾的好方法。

四是要心理相容，多一点宽容。社会群体中的人与人之间应该心理相容，即做到协调一致，相互体谅，学会替对方着想，做到宽容大度，团结合作。每个人都生活在社会群体之中，每天都要接触一些人，在交际中绝对的统一是少有的，难免发生些"磕磕碰碰"。小摩擦处理得好，可以"化干戈为玉帛"；处理不好，就会留下"隐患"。在师生交往中，如果发生了分歧和摩擦，要想一想对方是不是故意的，是不是自己的言行有误导，应该如何正确认识自己的缺点错误，也就是说虚心点。这样，你就会心平气和，做到得理也让人，无理便认错。这样去理解就会做到宽容，矛盾也就迎刃而解，师生就会建立起更为密切的关系。

另外，作为学生要主动、坦诚地与老师交流。教学当中老师组织者和传授者，他要面对的是全班几十个学生，要想面面俱到地对每一个学生照顾周到是不可能的，所以在与老师的交往中学生一定要主动，坦然表露心迹，才会促使自己的成长。学习过程中受到批评是必然和难免的，并非所有批评学生都能接受，当不能接受时易产生抵触情绪，一旦产生抵触情绪，不可与老师对立形成逆反，这样对成长极为不利，要主动与

解决学生社会交往中经常遇到的问题

老师化解，从老师的角度去考虑一下这个问题，或者用写纸条的方式来沟通一下。

总之要记住：错误的东西，不管是老师的还是学生的，只能用科学的方法才能克服，采用错误的办法不但不能克服错误，反而使自己一错再错，甚至使矛盾双方都陷进错误的泥坑中。

 ## 怎样与年轻教师交往？

年轻教师和同学们年龄相差不大，甚至在许多方面还留有学生的印记。他们的平等相待，坦诚相见，热情关怀，常常使同学们觉得年轻教师更能理解自己的感情，更易与同学们的心声产生共鸣。因此，同学们都希望和年轻教师建立一种亲密的交往关系，成为朋友或者知己。那么，作为学生怎样和年轻教师交往呢？在和年轻教师交往过程中，要注意哪些问题呢？

同学们要认识到和年轻教师的交往，是在学习、工作中自然而然发展起来的。课堂上的认真听讲，师生间良好的配合；课外的请教答疑辅导或互相探讨；班干部或课代表热心做好自己的工作，这些都是对年轻教师工作的支持，对促进与年轻教师的交往向良性方面发展起到积极的作用。

同学们与年轻教师的交往常常在共同兴趣爱好的基础上得到进一步的发展。对于年轻教师执教的学科的爱好与深入钻研，自然会引起年轻教师的注意与热情帮助；一起参加文娱体育活动，常常能缩短师生间的距离，使师生间的交往找到连接点；就共同感兴趣的话题进行交流，或者在踏青、秋游中的一系列活动，都能加深师生间的理解。同学们可以很容易在年轻教师身上找到共同点，从而进行友好密切的交往。

和年轻教师的交往时，同学们会把他们看成是大哥哥或大姐姐，向他们倾诉自己的困难、烦恼、牢骚以及内心的秘密，而年轻教师则会尽自己的力量，或热心开导，或热情帮助。这时，年轻教师在同学们的心目中，可能不仅仅是老师，更是朋友和知己了。

尽管如此，老师依旧是老师，在学生与老师之间总是要有一些原则性的问题要注意。在与年轻教师交往过程中，我们要特别注意以下几点：

一是年轻教师可以成为我们的朋友，但首先他们是我们的老师。我们要尊重年轻教师，尊重他们的教学工作，不能因为和他们交往密切而放松对自己的要求，违反我们作为学生都应共同遵守的纪律。如果这样做，就会导致年轻教师与我们关系的疏远，更重要的是对我们的学习等方面产生不利影响。

二是在和年轻教师交往时，不能把博取老师的欢心作为唯一愿望与动机，这种愿望和动机往往是较低级的，其效果也是不稳定的。同时，也不能对年轻教师求全责备，在密切交往中可能会发现年轻教师的不足之处，我们要正确看待老师的长处与不足，不能以偏概全，更不能在背后妄加议论甚至贬低年轻教师，这是对老师的不尊重，也是对自己的不负责任。

三是在与年轻的异性教师交往过程中，学生应注意以下几点：第一，要保持正常的交往，要注意男女有别而不失礼仪，要防止在男女之间不加区别地讨论那些只能在同性面前才能讨论的问题；第二，要注意不要因与老师频繁的接触而形成特殊的关系，这样不仅影响了自己和老师的生活，也会对老师的教学，还有自己乃至全班的学习产生不良影响；第三，要区分不同场合、不同关系中师生之间不同角色所应遵守的不同行为准则，如在年轻异性老师的宿舍里，不能单独个别往来，而要和同学一起往来；第四，要有理智地控制自己，对异性老师不能存有非分之想，要集中自己的精力搞好学习。

怎样与老年教师交往？

敬师爱师是我们中华民族的传统美德。在学校里，许多教师以其高尚的师德、渊博的学识、高超的教学水平赢得了同学们的尊敬与爱戴，老年教师更是如此。许多同学很想接近老年教师，却又担心会有所冒犯而不知如何去做。

其实，老年教师和中、青年教师一样，都是喜欢和学生交往的。而且，他们和同学们在一起，常常觉得增添了许多活力，人也好像变得年轻似的。因此，我们应该大胆主动地接近老年教师，不必有什么思想顾虑。当然，和老年教师交往，也要注意一些问题。

老年教师教学经验丰富，教学严谨，在校内外有一定的声望。他们更希望得到大家的尊重。所以，在和老年教师交往时，要把对老年教师的尊重放在第一位，无论是向老年教师请教问题还是在其他场合，都要注意礼貌当先，给老年教师留下懂事明礼的印象。

尊重老师，尊重老师的劳动。老年教师把几乎是所有知识无私地、毫无保留地教给学生，如果他们希望得到什么回报的话，就是希望看到学生成才、成熟，在知识的高峰上越攀越高。学生要尊敬他们，见到老师礼貌地打声招呼。

有些同学作业写得马虎、潦草，单是让老师辨认字迹都要费很多功夫，给老师增添了很多额外的工作量。经常这样，老师怎么会高兴，怎么会喜欢你呢？从另一个方面讲，如果老年教师一时误解了我们，千万不可当面顶撞。我们不妨可以先接受，待事后有机会再向他们解释，当然说明时也应注意语言的分寸。这样，即使双方消除了误解，也体现出自己对老年教师的尊重。

和老年教师交往时，还要注意体贴关心他们。比如说向老年教师请教问题或一起交谈时，主动搬来椅凳请他们先坐下；在长时间谈话之后，为他们端上一杯茶；如果老年教师身体欠佳，我们在学习上应更加自觉，尽可能地少给他们添麻烦；每逢节假日，如果有可能，可主动登门拜望，或是寄上一份充满敬意和祝福的贺卡等等。

老年教师在辛苦大半生之后，更需要得到别人的关心。在他们看来，学生的一个小小的关心自己的欣慰是那样的温暖。而作为学生又怎么吝啬那样的关爱呢？于是点点滴滴的关心体贴，怎能不使我们和老年教师的交往更加融洽、密切呢？

其实，每个学校的老年教师都一样，都是学校的一块"宝"。只要我们做晚辈的尊重他们，主动向他们请教，他们一定会毫无保留地将丰富的经验传授给我们；只要我们真诚地与他们进行友好的交流，在交流中就会慢慢形成一种深厚的友谊。

 ## 性格拘谨的同学怎样与老师交往？

拘谨这种心理现象，在学生中很普遍，女同学中尤为突出。有的同学拘谨到了见人说不出话来的地步。他们看见老师会脸红，路遇老师则故意避开。拘谨的同学怕与人交往，尤其怕与老师交往。他们往往过多地约束自己的言行，以致在交谈中无法完整、坦率地表达自己的思想感情，不易与人建立亲密的友谊。性格的拘谨束缚了他们的思想和行动，阻碍了他们去认识自己所具有的潜力。他们常常产生一种愁闷的孤独感，因为自己设置了一个与别人进行正常交往的障碍。

拘谨的障碍一旦形成，要突破就不太容易。但如果能下大决心，还是可以铲除的。那么，性格拘谨的同学怎样跟老师交往呢？

首先，性格拘谨的同学要有勇气。这是突破拘谨障碍不可缺少的因素。老师上课，别老是战战兢兢地缩在一边，要勇敢地举手回答问题，即使答得不完全正确也不要紧，老师会给予肯定或鼓励的。勇敢地闯过第一关，对于克服拘谨是很要紧的。如此经过多次反复实践训练，拘谨感就会逐步消失。

其次，在课堂实践的基础上，不妨开始跟老师单独接触。起初，可带些学习上的问题去请教老师，别顾虑老师会怎么想。按常情来说，老师总是欢迎学生质疑提问的，绝不会怪罪同学们。相反，他们往往会耐心而认真地给同学们分析讲解。在此过程中，同学们能把自己的思路讲出来跟老师一道讨论，久而久之，就会克服拘谨，就能畅所欲言地与老师交谈自己所有的欢乐与忧愁了。

第三，有些同学如果过于拘谨，顾虑重重，不妨把自己的苦恼告诉父母，请父母跟老师讲明，让老师抽时间多与自己接触，时间久了再反过来主动去与老师接触。也可找个性格开朗的同学陪自己一道与老师接触，这样，自己在与老师交往时就不至于心慌意乱而手足无措了。

第四，如果自己觉得以上办法都不可取的话，也可采取书面形式与老师交谈，把自己的想法写在周记本或纸条上交给老师。一个好老师将会平等地与学生商讨问题，他们的看法往往比父母更客观、更合理，处理问题的方法也比较艺术。如果同学们能随时把心中的想法通过书面与老师交流，又能从老师那儿得到中肯的分析和点拨，那在自己的学习和生活中将会减少很多的曲折。

总之，性格拘谨的同学在与老师交往时，要学会控制自己的紧张情绪，不要产生不必要的恐惧心理，鼓起勇气去对待每次交往。同时请老师或同学指出每次交往中的不足之处，久而久之，拘谨感自会消失。过分的拘谨会阻碍自己与老师及同学的交往，这会影响自己才智的发展。亲爱的同学，突破拘谨这个障碍吧，勇敢地去与老师交往，他们会使你变得坚强，并帮助你取得成功的。

性格直爽的同学怎样与老师交往？

性格直爽的学生往往活泼开朗，爱好广泛且热情大方，乐于助人。这些同学跟别人打交道有着非凡的能力，常常能赢得别人的信任。这些都是性格直爽的学生与老师交往的有利因素。性格直爽的学生怎样与老师交往呢？

首先要发扬长处，注意分寸。老师年龄不一，各自的脾气也各不相同。有的急躁，有的沉静，有的活泼，有的严肃。性格直爽的学生在与老师交往时，可以发扬自己热情大方、乐于助人的优点，帮助老师做力所能及的事，始终尊重老师，绝不能乱呼乱叫，甚至给老师取绰号。老师对学生都有教授之恩，不管怎样性格的学生都应尊重老师，这是对每个学生最基本的要求。切不可不注意分寸，即使是关系相当好的也不能没有分寸，否则，会伤了老师的自尊心。

其次，要注意场合，不乱开玩笑。有的学生可能会说："某老师脾气好，年龄比我大不了多少，我们在一起开开玩笑，大概他不会计较吧！"

不错，我们的有些年轻老师是比学生大不了几岁，有的看起来似乎比某些学生还年轻。同龄学生之间开开玩笑，打打闹闹，一般不会伤了和气。但同年轻老师一起打打闹闹，甚至口不择言，就有可能伤了老师的自尊心，特别是在公开场合不能开玩笑，更不能抚头拍背的以示亲热。因为在这种场合，他们往往是从师生角度来看待这些问题的，必须注意维护老师的"师道尊严"。所以，性格直爽的学生在与老师交往时，即使在与比自己大不了几岁的年轻教师交往时，也应注意地点场合，千万别乱开玩笑乱亲热，否则，一方面会使老师感到窘迫，以致内心不甚高兴，另一方面也会使自己丢人现眼，暴露了自己无知和精神不文明的一面。

总之，性格直爽的学生与老师交往时要注意维护老师的威信。当然，尽可以保持自己的直爽开朗，不必扭曲自己的性格。

课代表怎样与任课老师交往？

有人认为，课代表工作无非就是收收发发本子而已。其实不然，课代表是任课老师与同学们之间沟通的桥梁。若课代表工作做得好，就可以促进老师和同学的沟通，便于老师及时发现教学中存在的问题，改进教学方法；也便于同学们领会老师的教学要领，掌握学习重点。这对于教学双方都有很大的帮助。那么当了课代表应怎样与任课老师交往呢？

首先，要及时向任课老师反映同学们的意见，把任课老师的教学效果及时反馈给老师。

同学们对老师的课堂教学、所布置的作业、安排的考试等都会有一些看法和想法。课代表就要注意在和同学们的接触中多了解一点大家的要求和意见，并筛选整理，选取具有普遍性和代表性的意见向老师反映。反映意见时应注意尊重老师，态度要温和，话语要委婉，措词要得体，时机要适当。

例如，有位老师布置作业特多，同学们很有意见，大家议论纷纷，措词激烈，并希望课代表把大家的意见带给任课老师。课代表如果直话直说，把同学们的原话搬给老师，有可能触怒老师或伤了老师的自尊；如果能换一种委婉语气，以建设性的意见提出，老师就易于接受而不会感到恼怒、伤心。

对于老师教学中的成绩，同学们对老师的赞扬等，课代表更应及时向老师反映，这对于进一步激发老师的教学热情，促进老师的教学工作再上新台阶，将起到巨大的推动作用。

社会交往之师长篇

如果是某教改试点班的课代表，这位同学更应协助老师搞好教改，一旦发现同学们有疑难之处应及时把信息反馈给老师，让老师在备课时特别注意，使教改能结出累累硕果。

其次，课代表还应及时向老师反映某些后进学生的情况。有些学生对学习不感兴趣，作业拖拉，甚至有抄袭行为，一旦发现这种现象，课代表不仅应及时向任课老师汇报，而且还要和班主任通气，让老师帮助这些学生改正不良学习习惯，决不能采取隐瞒的做法。否则，不仅会给老师的教学工作造成被动，也会使那些后进学生因得不到及时的帮助和督促，致使成绩每况愈下。因此，及时汇报后进学生的学习状况也是课代表工作中的重要一环。

另外，课代表应该积极主动地帮助任课教师做一些辅助性的工作，以使任课教师的工作更顺利地进行。例如将作业本整理齐备，方便任课教师的批阅；在上课之前，主动去帮助任课教师准备教学器具等。

 ## 后进学生怎样与老师交往？

"后进生"，通常是指那些学习成绩不好的同学，也有极个别的是品、学都欠理想者。对他们，人们往往嗤之以鼻：父母埋怨，老师叹息，同学歧视。他们自己也丧失了信心，怨天尤人，悲观失望，抱怨父母没给自己一个聪明脑袋。有的自暴自弃，有的畏首畏尾，觉得自己没出息，没希望，是个什么也不是的人，见了老师唯恐避之不及，更谈不上与老师交往了。

其实，后进学生在老师面前，不必如此自卑，而应多接触老师，想方设法多多得到老师的关心和帮助，才能取得进步，否则实际上就是自己堵塞了自己的成才之路。

首先，后进学生应增强自信心。不可否认，人的智力发展是存在差异的，但这种差异并不大，每个生理发育健全的人只要勤奋努力，注意运用正确的学习方法，就一定能克服暂时的不足。而老师总是希望自己的每一个学生都能成才的。后进学生若能克服自卑心理，主动找老师，老师也一定会帮助这些学生分析后进的基本原因，然后对症下药，加以弥补，后进定能变先进。尽管后进生身上存在着不少缺点和错误，但每个后进生都有一些闪光点。只要与老师积极主动地沟通交流，让老师找到和发展你的潜能、特长，你会看到自己的优点和特长，最终认识到自己的存在价值。

其次，通过各种方式与老师进行交流，阐述自己分析的落后原因，积极寻求老师的帮助。老师希望看到的是，班上的每一个同学都很优秀，为此他会十分乐意帮助那些后进生，因为无疑他们也是工作的重点。通过与老师的交往，一方面可以与老师建立友谊，另一方面也会从老师那获得大量的帮助，以改变自己落后的局面。

后进学生应首先克服自卑心理，增强自信心，主动找老师谈心。当然，也可把自己的苦恼告诉父母或自己所信任的朋友，由他们辅助自己与老师交往。任何事开了头，做起来就不那么困难了。其实，老师一般不会板着面孔训人的，他们永远是每个学生值得信赖的大朋友。希望每个后进的学生勇敢地迈出第一步，把自己的苦恼向老师倾吐，老师会帮助这些同学放下包袱，轻装上阵的。

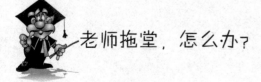

老师拖堂，怎么办？

老师拖堂，情况比较复杂。从频率上看，有偶尔拖一两次的，有经常性拖堂的；从原因上看，或是因为课堂进度掌握有失，或是为赶出与兄弟班的进度差距，或是讲授技巧欠精熟，或是老师身心健康欠佳，等等；从内容上看，在拖堂的那几分钟里，可能是想讲完本节课堂计划内必讲的一部分，可能是强调或总结本节所讲要点、重点，可能是布置作业或提示疑难，等等。不管怎么说，老师的拖堂打乱了正常的教学秩序，或多或少地影响了同学们下一节课的学习。

遇到老师拖堂怎么办呢？

不管对哪种形式、何种原因造成的拖堂，同学们都要在这一段时间里继续认真听讲，正确对待这几分钟内老师所讲知识；切不可急于下课而神不守舍，更不可有抵触情绪而破坏课堂纪律。

如果是偶然拖堂，则无需计较，听之任之即可。因为在课堂上的教学有很多不确定因素，可能耽误了进度，偶然的拖堂在所难免。

如果某老师经常拖堂，则应具体分析拖堂原因，在适当时机用适当方法向老师提出意见，以期帮助老师改进教学。

1. 请科代表向任课老师转达，转达时应用语礼貌而准确，并选择老师独处的场合；

2. 向班主任反映，由班主任向任课老师转达；

3. 在作业本里夹小纸条，写上"感谢老师多给我们讲了几分钟，但我们希望老师别太劳累，能按时下课。"之类字样，老师看后自当悟之；

4. 不可轻易记入日志，不可轻易向领导反映。因为拖堂的原因是复杂的，如果判断不准，反映有误，将不利于同学们的学习和师生关系；

 老师布置家庭作业太多，怎么办？

如果老师布置的家庭作业太多，同学们在正常的自习时间里无法完成，只好熬夜苦干，草率应付了。经常这样，在学习上必然形成恶性循

解决学生社会交往中经常遇到的问题

环，会严重影响同学的身心健康和学习成绩。那么，老师布置的家庭作业太多，怎么办呢？根本办法还是让老师改变自己的做法，使其布置的家庭作业适当。那么，怎样才能使老师接受同学们的意见呢？教学中出现矛盾，往往是教与学双方不能相互理解造成的，因而要解决矛盾，也就必须从这一点出发。

有位同学，为了让老师减少过于繁重的家庭作业，主动邀请老师晚上去家访。老师在家访中才知道，这位同学几乎每晚 11 点都还不能完成家庭作业。他又带老师去附近几个同学家里，时间已到 12 点了，老师看到有的同学还在作业面前瞑目苦思，有的却伏在写字台上睡着了。因为未完成作业，他们不敢去睡觉，老师这才认识到繁重的作业给同学带来了严重的负担。回校后就和各任课老师交换意见，统一认识，改正了家庭作业过多的状况。

这位同学的成功，就在于他采取了主动的方式，让老师了解到真实情况，促进老师改进了教学方法。其实，让老师理解学生，了解到真实情况，方法是多种多样的。只要你站在尊敬老师相互体谅的立场上，就能根据具体情况，找到恰当方法。因为老师布置的家庭作业太多，一般都是出于好心，是想提高教学质量。故只要能理解这一点，学生和老师就不难找到共同语言了。

不过，有的老师布置家庭作业太多，是其教育思想的反映，这时要让老师改变做法，确实就困难得多。特别是有的老师，是受命于学校领导的指示，那就更复杂了。如果经过同学们的努力都无法改变现状，那么，向上一级领导部门或某些报刊杂志反映，以求得他们的帮助，应该说，也是一种有效的办法。

社会交往之师长篇

老师使用体罚或变相体罚，怎么办？

教师体罚学生的定义是直接的肉体打击，罚站、罚跑、罚跪、罚面壁、罚体力劳动、罚抄写等是变相体罚，威胁、呵斥、讽刺、挖苦、辱骂、刁难等心理攻击也是变相体罚，这些方式甚至是比直接的身体打击更易伤害学生的体罚。

建立正常、高尚的师生关系，不仅是良好的教学秩序形成和维护的关键，也是平等友好互助的人际关系形成和发展的重要方面。在学校里，一般来说，教师和学生的关系是平等的，他们除了各自担负的任务和职责的不同，即扮演的教和学的角色以及所处的位置不同外，在人格上是平等的。教师运用自己掌握的知识和技能，通过一定的教学手段对学生施教；而学生根据教师指导，通过课堂的组织教学和积极思维受教。教师关心爱护同学，学生尊敬热爱老师，从而形成了教与学的关系层面。平等待人，为人师表，循循善诱，耐心施教应是教师为人之本。但是，在教与学的关系中，也会产生冲突矛盾，如当学生受教的效果没有达到教师施教的期望标准时，教师可能产生不满和急躁，甚而有过激的语言和行为，即通常所说的体罚和变相体罚。如果这种现象在课堂上，在你身上发生了之后，你应该怎么做呢？

《未成年人保护法》第十五条规定："学校、幼儿园的教职员应当尊重未成年人的人格尊严，不得对未成年学生和儿童实施体罚、变相体罚或者其他损害人格尊严的行为。"第四十六条规定："未成年人的合法权益受到侵害的，被侵害人或者其监护人有权要求有关主管部门处理，或者依法向人民法院提起诉讼。"《义务教育法》第十六条明确规定"禁止体罚学生"。《教师法》第三十七条也明确规定"体罚学生，经教育不改的"，要给予教师"行政处分或者解聘"，"情节严重，构成犯罪的，依法追究刑事责任"。依照这些规定，我们同学应该理直气壮地维护法律尊严、维护自己的合法权益，向违法的老师提出意见批评，大胆地宣传《中华人民共和国未成年人保护法》以及其他有关规定。

同时，我们学生自身也应做一定的自我反省。应严格要求自己，应尽量避免与老师发生正面冲突，尤其是在课堂上，在大庭广众中，如老师的教导是正确的，要求是合理的，学生更不能当面顶撞。最好先听完老师的教导，如果发现对自己不正确的评价或误解，可以找另外一个合适的机会向老师解释，避免造成心理上的隔阂和情绪上的对立。正如我们通常所说的，一旦发生"顶牛"现象，最易发生体罚或变相体罚等过激言行。

良好的师生关系还要依靠日常的感情交流，互相理解、关心、帮助。即注重课后、课下的交流。有时候个别老师采取简单粗暴的方法多半是由"恨铁不成钢"所致，因此千万不要造成隔阂。我们除了运用法律保护自己之外，也要学会运用正确的方法处理发生在周围的类似问题，这也是培养自己良好情操和锻炼能力的重要方面。

 ## 老师托我的家长"走后门"，怎么办？

应该承认，老师托学生的家长办些事情，在今天的学校生活中，并不是罕见的现象。这种做法到底对不对？这也不能一概而论。如果老师托你办的这件事，目的并不是在于谋取私利，家长如果能够提供帮助解决问题，客观上也支持了学校的工作。所以，这样的情况下老师的这种行为还是可以理解的。

但是，也会有另外一种情况：有的老师想借学生家长的关系，为自己提供一些帮助和方便，或者谋取一些私利，这种做法就不合适了。虽然这样做的人在老师中毕竟是少数，但这种做法的实质是使师生关系蒙上了商品交换的色彩，会给一部分学生及家长的思想上带来沉重的负担。所以，完全有理由认为这种做法是错误的。

如果老师托你的家长办事是属于后面这种情况，你应该怎么办呢？

首先，应该尽量回避。有的同学心里有一种不大健康的想法：多帮助老师，自己肯定会有好处。这种想法的根源也是庸俗的"关系学"。怀有这种想法的同学，只要老师一提出要求，就不分是非，非要家长帮着办不可。一旦父母面有难色，他就纠缠不休，甚至以大哭大闹相威胁。这种做法是不对的。作为学生，尽管涉世不深不成熟，但端正社会风气也有一份责任。那种对老师"有求必应"的同学，实际上并没有分清是非，这样做不仅会助长不正之风，还会使自己与家长之间、家长与老师之间以及自己与其他同学之间产生裂痕，有百弊而无一利。因此，遇到这类问题，还是以回避为好。

其次，可以和老师说明情况，讲清道理。如果老师提出要求超出了正常范围，我们可以找一个适当的机会，与老师个别谈一谈，把家长的意见和自己的想法说清楚，老师是会理解的。

再次，就是不必为回绝了老师的要求而背上思想包袱。有的同学没帮上老师的忙，总是觉得欠了老师一些什么，怕老师从此之后会对自己抱有成见，因此思想负担很重。其实，这种顾虑是没有必要的。只要我们的想法是正确的，老师总会理解，我们应该相信老师。如果个别老师由此对自己产生怨恨，我们还可以找校领导反映情况。

老师对父母讲了我的缺点，怎么办？

同学们都知道，为了我们的学习和成长，老师和我们的父母经常有一些联系。通过联系，他们互相了解了我们在学校和在家里的各种表现以及学习、生活情况。有时候，老师也可能在父母面前指出我们的缺点或错误。对此，有些同学不能理解，甚至因此对老师很不满。如何正确对待这个问题，是很多同学都很关心的。

首先，我们应该明确，在我们前进的路上，离不开老师的指点和搀扶。老师在父母面前讲了我们的缺点不过是搀扶的方法之一，其目的是想通过我们父母一起帮助我们克服缺点，争取进步。因此，我们不能认为这是老师有意在父母面前告状，出我们的丑；更不能因此怀恨在心，对老师的批评置之不理，我行我素。这样只会妨碍我们自身的进步与发展。我们应该冷静地想一想，老师在父母面前对我们所指出的缺点是否符合事实，是否有道理。很可能老师指出的缺点正是我们身上长期存在而未能察觉的呢。俗话说："当局者迷，旁观者清。"若经老师一提醒，加上父母的分析，我们很可能会恍然大悟，要是从此下决心改掉缺点，岂不是受益良多吗？

其次，我们应认识到老师在父母面前谈我们的缺点，无非是希望家庭配合学校做好工作，帮助我们取得进步。从另一方面来讲，作为父母有权利知道自己的子女在学校的情况，以及他们在学校的表现，这里面当然包括缺点或者错误。老师们这一做法无疑也是对家长和学生负责的做法。因此，我们不可产生抵触情绪，而应冷静下来想想，如果老师提得对，要注意改正，并请父母督促自己改正。如有不实之处，也可向父母解释清楚，并通过父母找老师澄清。当然，自己也可直接找老师说明白。只是要注意方式、场合，不可因此跟老师过不去，弄得师生关系很紧张。

再次，老师在父母面前指出我们的缺点或错误这是对学生负责人的表现。老师知道要改掉学生的缺点和错误，单单靠学校的力量是难以办到的。只有通过与家长的共同努力，双管齐下，才能让学生在学习和生活中健康的成长起来。

最后应指出的是，有些同学知道老师在父母面前说了自己的缺点，

便从此对老师心怀怨恨，处处抵触，甚至路遇老师脖子一扭，只当没看见。有的却自惭形秽，抬不起头来，连正眼都不敢看老师。这两种做法都是不足取的。遇到这种情况，我们应该和以前一样，仍然大大方方地与老师交往，尊重老师。甚至可诚恳地感谢老师给自己指出了缺点。然后在老师的帮助下，家长的督促下努力改掉自己的缺点，以实际行动向老师和家长汇报。这样老师和父母都会为我们的进步而高兴的。

毕业了，怎样与老师留念告别？

与老师的留念方式有很多种。师生间的关系是非常纯洁的，是不能用金钱或贵重物品衡量的。老师感到最高兴的是同学们的进步、收获。和老师告别，为了表达同学自己的心意，可以送给老师一些纪念品，比如说自己的照片啦，同学们的合影啦，送给老师一本影集啦，也可以借鲜花表达感情。如果有条件，还可以带照相机拍下师生间告别的场面以作纪念。但无论采取何种方式，都应遵循以下原则：

内容健康，积极向上，能给人以启示使人振奋，发人深思；

形式新颖，不落俗套，有时代气息，生动活泼，符合学生特点；

具有比较深远的纪念意义。

总之，最好的留念方式应是最能产生情感震撼力的留念方式，这种留念方式集思想性、时代性、新颖性、生动性和纪念性于一体，给人留下永久的纪念。

"今天我们是桃李芬芳，明天我们是社会的栋梁……"当这首《毕业歌》在校园中响起的时候，又有一批毕业生要离开学校了，他们的心中充满了对校园生活的深深依恋，充满了对辛勤耕耘、无私奉献的老师们的真挚谢意。学生们纷纷来到老师身边，依依话别。下面就来说一说怎样与老师告别吧。

可约几个同学（人数不能过多），一起来到老师的办公室或家中向老师告别。每个同学都应向老师表达自己及家长的谢意，感谢老师对自己的关心和栽培。还可以和老师一道回忆过去的学习生活；或者向老师谈谈自己未来的打算，请老师为自己提些意见或建议；或者向老师表达今后常来看望老师的心愿；等等。

对一些有特别深厚感情的老师可以单独去告别。在学生们的成长过程中，老师们花费了无数心血，甚至像对待自己的孩子那样无私地教导、帮助。例如某校一位同学家庭遭变故，他几乎丧失了学习信心，是他的班主任及时向他伸出了温暖的手，鼓励他继续学下去，并给了他巨大的帮助。毕业了，这位毕业生一人来到办公室和班主任告别，说出了蕴藏已久的心里话：我永远忘不了您的帮助！

 ## 怎样和学校领导交往？

学生在学校里，主要是和老师或同学交往，但有时也免不了要和学校领导打交道。学校领导是学校学习方针和目标方向的制定和执行者，也是学校秩序的维持者。如果能与学校领导达到很好的交往效果，不仅有利于自己良好学习环境的形成，也会给自己的生活带来极大方便。那么，如何同学校领导交往呢？

一、自然从容

学校领导是学校的管理干部，一般都有较高的政策水平和知识修养，他们与老师一样非常关心爱护同学们，希望同学们好好学习，早日成才。只是由于工作关系，与同学们接触不多而已。所以和校领导交往，完全

可以放松自然，从容自如，不必过于紧张拘谨。有些同学见到学校领导就胆怯拘谨，有的装作没看到匆匆溜走，有的唯唯诺诺不敢讲话，其实是完全不必要的。同样是学校里的长辈，他们跟老师没有太大的不同，只是职能不一样，我们完全可以像对待老师那样对待他们。

二、注意礼貌

学生和学校领导交往，要彬彬有礼。平时遇见领导要主动打招呼，并且要面带微笑，以示礼貌。集体活动结束时要让领导先走，这是很基本的礼节。有事找领导事先约一下时间，因为领导的时间往往很紧张，一天有很多事需要处理，合理地占用他们的时间，会让他们对你更有好感。与领导交谈要谦虚、恭敬，注意礼貌，语言要得体，不可随随便便，信口开河，更不可出言不逊。

三、坦率诚恳

学校领导是同学们的上级，是完全可以信赖的，因此，同学们与领导交往应该是坦率诚恳的。向学校领导反映情况要真实可靠，钉是钉，铆是铆，不能有虚假或隐瞒。与领导交流思想要真诚坦白，即使向领导提意见，也必须诚挚直率；不必怕这怕那而吞吞吐吐，欲言又止。

四、态度恭敬

学校领导的身份毕竟与一般老师有所不同，因此在交往过程中也应有一定的区别，除了尊重、礼貌之外，还应表现出恭敬的态度。例如，与学校领导交谈时，站立姿势或坐的姿势都应保持一定的紧张度，眼睛不可直盯着对方，也不能东张西望；遇见领导打招呼，应比较谦恭，切忌嬉皮笑脸，更不能拦住领导问这问那；称呼领导绝不能用"你"；等等。当然，对学校领导的恭敬，并不是敬而远之，或者曲意迎合，而是下级与上级交往行为的一种规则。

五、交往方式的多样化

与学校领导交往，方式可以多样，这要根据具体情况而定。例如找领导汇报思想可以约领导面谈，班级活动可以邀请领导参加；反映情况既可以面谈也可以通过书信，在校外还可通过电话或网络与领导交谈。只要有利于搞好工作，方法可以因人因事因时而异。

社会交往之师长篇

社会交往之朋友篇

 怎样选择朋友？

在现代社会中，社交在日常生活中占据了重要地位。财富、门第、经历等传统的择友标准已被摒弃，人们以坦率、诚实的鲜明个性进入社交场所。因而，择友的主观心理成了社交成败的主要因素。现代社会的择友方式归纳起来，主要有如下三种：

一、直觉方式

一次邂逅相遇、一种巧合的举动、几句平淡的闲谈、甚至一个点头微笑，使双方互相获得好感，随即促膝而谈，果然一拍即合，相见恨晚。这种由强烈的交友愿望和神奇的感情冲动所促成的友谊极富浪漫色彩。这是双方气质互相吸引的结果，是自我性格在社交场所的自然选择。这种交友方式实际上在提示我们：你希望交哪一类的朋友，你必须首先成为那一类的人，你希望愈高，你对自己的要求也要愈高。这种交友方式的成功，能陶冶人的感情，使人崇尚友谊、礼赞人生。

二、理性方式

这是一种以志同道合作为基础，经过长时期的理性积淀而产生的一种友谊。一切都在静谧和缓的氛围中进行，貌似清水一杯，其实情同泰山。马克思和恩格斯的友谊堪称这种方式的楷模。1842 年，恩格斯在科伦《莱茵报》编辑部第一次见到马克思时，只是礼貌地交谈了几句，情景不是愉快的。过了两年，恩格斯在巴黎与马克思第二次会晤时，他们在对时局、政治、未来的观点上取得了完全的一致，伟大的友谊诞生了。这种长达三十多年的友谊，真挚、崇高、稳固，并且和革命事业结合起来，成为历史的光荣。理性的交友方式是以共同的事业目标作为相互利益的，这就需要在事业上不断地讨论新的课题，寻求新的出发点，任何一方的停滞和懒惰都会成为友谊的阻碍。因此，这种交友方式的结果，总是各自更加勉励对方，从严要求自己的。

三、互补方式

这种交友方式是以寻找性格差异来弥补自己性格弱点为愿望，采取亲密相处的方式来进行的。这种方式在异性之间或女性之中极易发生。自己本是成熟深刻、富于理智的，偏偏喜欢交天真活泼、情感丰富的人作朋友；自己也许腼腆文静、温文尔雅，却喜欢豪迈粗犷、勇敢顽强的人物；自己才思敏捷而推崇脚踏实地的。这种交友方式从性格上互相影响，取友之长补己之短，把择友作为丰富完善自我性格的手段。但是，这种差异一般不能成为思想和品行的差距，一个思想崇高、品行端正的人与一个思想低下、品行恶劣的人去成为互补的朋友，效果往往是不好的；同时，这种相交，鉴别也非常重要，要真正学到的是对方的长处才算达到了目的。

上面列举的仅是三种最常见的择友方式，事实上，择友方式也不是单一的，而是综合性的、连贯性的和完整性的。

正所谓"近朱者赤，近墨者黑"。有的同学因交上了好的朋友而发生了积极的、可喜的变化，也有的同学则因交友不慎而害了自己，倍添烦恼。因此，正确地慎重地择友是涉世不深的学生朋友们应该注意的一个问题。

一、朋友应是多层次、全方位的

我们应该结交些多种类型的朋友，以满足各方面之所需。如：能直陈自己的过错失误，开展批评的净友；能给自己指点迷津，使自己少走弯路的导师；能够在学习上互助、情感上互慰、个性上互补的异性朋友；能相助于危机、困难之时的患难之友；能与自己一同从事感兴趣的文娱体育活动的娱乐型朋友等。从而为自己的发展和个性的完善创造良好的外部条件。在诸多朋友中，应特别注意多交学习上能互助互励的同学。

二、把握好择友的标准

多交一些具有共同的志向、兴趣，崇高的品德，能以心相见，真诚相待，诚实、可靠、正直，具有渊博的学问，在某一方面强于自己的朋友。由于现实生活中同时具备几种条件的理想的人是很少的，因此不宜追求十全十美的人，否则就难以获得朋友。对于一些性格不同，兴趣有异，有某些不足的人，也可以适当地接触了解，既可以使你加深对各种各样的人的了解，培养与各种人打交道的能力，同时也可弥补自己的某些不足，寻觅到可交之友。总之，交友标准应灵活掌握。

三、正确认识，深入了解对方

与别人建立某一种类型的朋友关系，必须在较全面、深入了解的基础之上，可以通过直接接触，侧面打听，察言观色，看其以往的历史等途径和渠道，及其一贯的为人处世的态度达到真正的了解。要特别注意观察了解对方在你背后的真实表现，掌握对方的真实动机，以免误解人家或受骗上当。

四、要积极主动出击，不宜消极坐等

交友需要相互间的双向交流与交往。要交上朋友，得有一定的主动精神，可利用课后、学余时间，特别是假期多与同学谈心，交流情况、信息、思想及感情，取得相互的了解及信任。

五、珍惜友谊，发展感情

有的人交友像"蜻蜓点水"，或"黑瞎子掰苞米"，不能深入，满足于泛泛之交，或者见异思迁，喜新厌旧；忽视朋友的情感，以自我为中心；有的搞实用主义，需要时是朋友，用不着时成路人，一旦有点矛盾就翻脸变敌人。不管在什么时候，都要与人为善，珍惜友谊，需明白："有很多良友，胜于有很多财富。"

怎样结交知心朋友？

人们常说："人生得一知己，足矣。"

确实如此，漫长的人生旅途中，如果永远独来独往，确实不可想象。人遇到困难的时候，需要亲朋好友的支持和鼓励；人受了委屈，需要向人倾诉，得到理解，使心态平衡。真正的知心朋友会给你的学习、生活和工作、事业带来很大的帮助。你想想，在你情绪不好的时候，如果有位知心朋友对你劝导一番，指点一下迷津，那该多好；就是对着知心朋友倾诉一下自己内心的烦恼，也是好的呀！

但是寻觅"知己"，要靠你用心血不断地去孕育和灌溉友谊之花，使彼此逐步建立起深厚的友情。吝啬自己的感情是不可能换取他人真挚的

友谊的。

让一个人真诚的跟你交往不是很容易就实现的一件事，你必须记住：

一、只有朋友间的彼此相信，才会产生原谅

既然是朋友，总要有来往，有来往就免不了会产生一些误会。如果不能去掉猜疑和矜持的心理，就不会建立起以后彼此真正信赖的基础。人世间本没有十全十美的人，也没有永远不犯错误的人。如果不能原谅朋友间的某些过失，那么再好的朋友也会失去的。而当你对朋友的某些过失，能站在他的位置上去充分理解的话，那么，他就会加倍地感激你，你们的友情也就更加深了一步。

二、要宽以待人

有人说，假如你全都知道别人在背后怎样议论你，那么，恐怕你连一个朋友也没有了。这并不是一句否定人与人之间的友情的话，正相反，它告诉你，对背后的闲话尽可不必去认真打听和计较。要知道，人们在背后一时兴致所至，谈到了你的过错或缺点，说了些对你不利的话，这也是人之常情。假如你千方百计地去打听的话，传话的人可能会把事情夸张些或歪曲些，这样一来，当然会影响朋友间的感情。假如你在传话的人面前反而替自己的朋友辩护一下或辩白一下，那么这是换得朋友对你的信任及杜绝闲话的最好办法。在朋友交往期间，不计较小小的恩怨，适当地消除误会，原谅对方有意或无意的错误等等，都是使友谊巩固和增进的最好办法。

三、避免江湖习气

要注意不能将那种封建社会结拜兄弟讲义气的江湖习气带到感情中来，你们是为了更好的学习和成长才走到一起来的，不是为了任何的个人私利。在平常的学习和交往中，应该多交流思想、学习、生活情况，

不能在经济或物品上交往过密，也不能因为自己的一点小成绩就自命不凡。知心朋友得来不易，有了这样的知心朋友，就要好好去珍惜这份友谊，维护它，千万不要随便糟蹋。只要你对朋友一片真诚，那么朋友也会真诚地回报你。"真诚"两字是交知心朋友的必要条件。

 ## 怎样珍惜和表达友谊？

有句话说得好，千里难寻是朋友，朋友多了路好走。有不少同学渴望友谊，爱交朋友，但他们往往不懂得珍惜友谊，结果使得自己的朋友越走越远。

人是群居动物，我们生活在群体中，总希望有更多的朋友支持、帮助，使友谊之树常青。要做到这一点，你就得待人热情，乐于助人。任何人在生活的道路上都会遇到挫折，都会有困难，但是别人的困难，对你来说也许只是易如反掌的事。这个时候伸出你的援助之手，用真诚的帮助去感化你身边的同学，相信你一定会收获一份终生受益的友情的。任何一个肯关心、帮助别人的人，都能赢得别人的尊敬。另外，谦虚谨慎、尊重别人是友谊之树常青的保证。那些目空一切、眼中无人的人，谁还愿与你交朋友？放纵任性、容不得人、斤斤计较是友情的大敌，没有人愿意和一个随心所欲、吝啬、妒忌心重的人交往，愿你以诚待人，乐于助人，谦虚谨慎，戒骄戒躁，赢得长存的友谊！

青少年朋友之间经常通过语言和行动来表达彼此的友谊，有利于保护和发展彼此之间的感情。但是，该如何表达彼此之间的友谊呢？

有的同学见朋友与别人发生了矛盾，为了表示自己够朋友，不由分说，上去就把别人"教训"一顿；有的同学知道朋友犯了错误，当老师调查到他头上时，他为了表示"够朋友"、"讲义气"，帮朋友隐瞒错误；

考试时，见朋友不会做题，为了表示友谊，帮助朋友作弊，如此等等。这些，都不是真正的友谊，结果只能害了自己的朋友。

朋友之间的表达友谊，应注意以下几点：

1. 当朋友取得成绩或做了有利于他人和集体的好事时，为他感到高兴，并向老师汇报，建议老师在班级上对其进行表扬；当朋友受到表扬时，及时向他表示祝贺。

2. 当朋友犯了错误时，应坦率、真诚地向朋友指出，帮助朋友终止正在犯的错误；朋友犯错以后，我们应该大胆地对其进行批评，敢于做"诤友"。

3. 当朋友有困难时，我们应主动热情地给予帮助。例如：朋友是班干部，我们应积极协助他做好工作；朋友如果学习遇到困难，我们应诚心诚意地帮助他提高学习水平，鼓励他树立信心；如果朋友是残疾同学，我们就坚持为他提供各种方便；如果朋友生病了，那么，我们可以带上一束鲜花，去鼓励他战胜疾病；如果朋友家中遭遇到不幸，我们可以细心地了解情况，关心他、安慰他，还可以走访到他的家庭，同他的家人交谈，给予安慰。

4. 当朋友同其他人产生矛盾纠纷的时候，我们应及时进行调解，使他们消除矛盾。绝不可以在朋友面前加油添醋，攻击朋友的对立面，那样只会使问题更难解决。

5. 当朋友误解你时，你应能给予宽容，坦率地加以解释。如果不行，还可以请老师或其他同学帮忙做工作。总之，要避免激化矛盾。不能采取"你不同我好，咱们就拉倒"的消极办法。反之也一样，当朋友对你产生看法的时候，不要闷在心里，也不要乱猜疑，而应及时同朋友交换意见，通过坦率、诚恳的交谈，消除误会，消除隔阂，使你和朋友间的关系更为密切。

朋友间发生争吵，怎么办？

假如有一天你心情特别高兴，想找几个朋友玩一玩。当你兴致勃勃地推开一个朋友的家门时，却看到他和另一个朋友正在吵架。只见他们都绷着脸，剑拔弩张，屋里的气氛很是紧张，你此时一脚门里一脚门外地站在那里，不知如何是好。

朋友之间相处，有和风细雨的交谈，有兴高采烈的娱乐，也难免发生不愉快的争吵。很多同学自尊心强，容易激动，争吵时往往互不相让，任其自然发展，可能出现不可收拾的场面。这时，如果有一个他们都信赖的朋友出现，从中调解，就会冲淡争吵的紧张气氛，有利于矛盾的缓和。

那么，你此时应该怎么办呢？遇到这种情况不能马上就进行调解。因为他们都在气头上，头脑都不冷静，如果操之过急，不但不会缓和矛盾，他们反而会争着各说各的理，弄得你很难办。有效的办法是把他们从争吵的气氛中解脱出来。可以硬拉他们一块上街散散步，看看电影，或找其他朋友一起玩一玩，使他们发热的头脑冷静下来。如果他们一时赌气，不肯一块出来，可以硬拉出一个，把他们暂时分开。一个巴掌拍不响。没有了对立面，也就无法再争吵了。

但是，这仅仅是缓兵之计，并没有从根本上解决问题。要帮助他们从根本上解决问题，还必须弄清他们争吵的原因，从思想上分清是非，去掉隔阂。首先一定要学会冷静，尽量不要太急切，因为太意气用事很可能会把问题弄得更糟糕，在冷静之余，要仔细分析全部的经过，看看事情是因为什么而这样的。争吵的原因有两种：一种是原则性问题，一种是非原则性的一般问题。如果是属于原则性问题，比如一方用明显的错误行为危害

社会交往之朋友篇

111

了另一方的利益，应该批评错误的一方，帮助他认识错误，向对方道歉。同时，也要劝说另一方宽大为怀，容人之过，只要对方认识了错误，就该重归于好。

在大多数情况下，朋友之间发生争吵的原因并不是什么原则性问题，而是一些日常生活小事上的分歧。因此，不要因为一些小事而影响了友谊。

从反面来说，其实小吵架没什么关系，要知道有时候吵架可以是对方更加了解自己，朋友都是这样一步一步发展过来。如果两方真的很在乎彼此的友谊的话，那么吵得再凶最终还是会和好的。双方要善于承认自己的错误，也要善于原谅对方，这样才会和和气气的，两个人的友情才会进展得下去。不管怎么样，不管发生什么事，要注意的是，双方要彼此尊重对方。

与朋友发生了误会，怎么办？

"误会"一词在《现代汉语词典》中解释为"误解了对方的意思"，或"对对方意思的误解"。两个解释的核心部分都是"误解"。"误解"的影响，可不能轻视，一位哲人就曾经评价说："理解是喜剧的作者，误解是悲剧的导演。"事实正是这样，《三国演义》中，曹操不就是因为误会——误解了吕伯奢要杀猪待客的意思，而错杀了吕伯奢全家么？可见在人际交往中，如果发生了误会，是要慎重对待的。

那么，如果你与朋友产生了误会，该怎么办呢？

一、找出原因

如上所述，"误会"的实质，是相互间有了误解。因此，如果你与朋友产生了误会，就要尽快找出产生误会的原因。是他误解了你的意思，还是你误解了他的意思？是因为猜疑，还是因为触及了对方的心理敏感点，伤了对方的自尊心而引起的？查出了病因，就好对"症"下"药"了。

二、友谊第一

朋友之间发生了误会，这是常有的事。问题不在于是否会产生误会，而是在于误会产生之后能否正确处理。"友谊第一"，应该是我们消除误会的根本原则。只要我们真正珍视友谊，维护友谊，就会容易谅解朋友，主动与朋友消除误会。

三、"用谅解去护理"

一旦我们与朋友产生误会，就好像友谊的肌肤被细菌感染而致病一样，此时"谅解"就是最好的"药方"。所谓"谅解"，就是当朋友误解了自己、错怪了自己，甚至冒犯了自己时，要能站在朋友的立场上，设身处地、冷静客观地分析问题、看待问题。这样，你就能了解"误会"产生的原因，体谅朋友的苦衷，从而"杀死""友谊肌体"中的"细菌"，维护友谊的健康。

四、争取主动积极沟通

往往有这样的情况：一对好朋友，在产生了误会以后，都非常后悔，也希望尽快消除误会，但是为了争"面子"，就在等待对方采取主动。殊不知，这样你等我，我等你，误会反会愈来愈深。作为现代人，应该宽容大度，果断坚定，既然决心要"用谅解来护理"友谊，那就争取主动，而且要当机立断的去实行。一旦积极沟通使误会冰释了，你就会发现原本维护"面子"实在是件可笑的事情。

发生了误会之后，正是显示你的度量、水平和解决问题的能力的时

社会交往之朋友篇

候，青少年朋友，你能很好地去面对和处理吗？

朋友之间气质不同，怎么办？

气质是人的个性心理特征之一，它是指在人的认识、情感、言语、行动中，心理活动发生时力量的强弱、变化的快慢和均衡程度等稳定的动力特征。主要表现在情绪体验的快慢、强弱、表现的隐显以及动作的灵敏或迟钝方面，因而它为人的全部心理活动表现染上了一层浓厚的色彩。它与日常生活中人们所说的"脾气"、"性格"、"性情"等含义相近。

俗语说："一娘生九子，九子都不同。"有的文静，有的机灵，还有的急躁。同胞兄弟姐妹之间，在气质性格上尚且不同，更何况朋友之间，那不是很自然的吗？可就是这种平常事，对于我们一些涉世不深、阅历尚浅的学生们来说，却往往带来不少的麻烦。和一些气质性格不同的朋友该如何相处呢？我们建议：

一、要有正确的认识，悦纳对方

我们通常说的气质性格，是一种存在于人身的典型的稳定的心理特征。气质性格是一个人的心理特征，没有什么好坏之分，不关这个人具有何种气质性格，只要他品德高尚、意志坚强，都能为集体和他人作出贡献或有一技之长的，也都可以成为自己的好朋友。

二、学会交往方法

朋友之间既然气质性格有所不同，我们就要学会与不同气质性格的人交往。

1. 性格暴躁的朋友容易发火，自我控制力差。针对这一特点，我们就要"忍"字先，未曾开言，就要提醒自己，他急，我不急；他火，我不火；他吵，我不吵。或是轻言细语，或是一笑了之，或是暂且避开，在非原则的琐事上，也可迁就他一下。待他平静之后，再诚恳、严肃地向他指出。他会为自己"老病复发"而愧疚，更会为你的真诚和大度而感激。这样，就使你们的友情渐渐加深了。

2. 对那些性格内向、善感多疑的朋友，你就要多关心、多体贴，在学习上和生活的细节上，主动为他排忧解难。与他谈话时，要找他感兴趣的话题，使他有话可说。还要注意措辞、语气，尽量回避他敏感的问题。就这样，有时还不免遭到对方的冷遇。但只要我们不怕碰壁，持之以恒，那么，结果必将是"精诚所至，金石为开"。

3. 对于那些因才华横溢、成绩优秀而孤高自傲的同学，我们不妨虚心求教，表示赞赏，但不可一味迎合。遇到自己擅长而对方又感兴趣的问题，就主动找他去讨论、研究，让他感觉到获得"知音"的快感，享受获得友谊的温暖，同时也显示了自己的份量。与此类人结交，最重要的是做到不卑不亢。

4. 对那种自我吹嘘、狂妄自大的人，你要拿出真才实学，把他"将"住，再给他一个台阶，让他体面地下台，那以后交往起来就容易多了。

总之，与气质性格不同的人交好友，是一门重要的、复杂的艺术，如果你能在与不同气质性格的人的交往中，逐步掌握这门艺术，那么，你就获得了顺利地走向成熟人生的一项重要的能力。

 和朋友兴趣不一致，怎么办？

兴趣是个体以特定的事物、活动及人为对象，所产生的积极的和带

有倾向性、选择性的态度和情绪。兴趣是一种无形的动力，当我们对某件事情或某项活动时，就会很投入，而且印象深刻。每个人都会对他感兴趣的事物给予优先注意和积极地探索，并表现出心驰神往。

如果你有一群兴趣爱好各不相同的朋友的话，那真该向你祝贺！因为你正生活在一个"群星争辉"的群体里，可以相互切磋，相互学习，相互取长补短，怎不叫人羡慕呢？也许有一些年轻朋友，因为开始学习交友，还体会不到这种幸福，甚至还有点不习惯。那应该怎样才能尽快融合到这个群体里面去，共享友谊之乐呢？

一、欣赏、鼓励

美国心理学家詹姆斯说："人类本性最深的需要是渴望得到别人的欣赏。"当你的朋友眉飞色舞、津津乐道他的兴趣爱好的时候，你要注意倾听，并就他的专长，提出问题，向他请教，让他的才华充分得到展示。在此期间，你还要不时表示赞赏，并给以鼓励。那么，你的朋友就会因为获得"知音"而兴奋，更会为获得赞赏和支持而感激。这样，你在增广见闻的同时，还赢得了珍贵的友情。

二、积极参与

欣赏朋友的兴趣爱好，这仅仅是交往旅程中的第一步，而要做更深的交往，就要积极参与他的活动。你要主动与他探讨兴趣爱好，做好各项准备，积极配合他搞好活动。在活动中，你要想方设法，既能让他充分发挥自己的聪明才智，也能得到他的帮助，学到他的长处。最好还能与他共同切磋，提出建议，想出办法。这样，你们就会在共同的"事业"中，心往一处想，劲往一处使，使友情进入到更高的境界。

三、展示自己

古语云"礼尚往来"。就在你积极为朋友着想，尽量让他发挥聪明才智的时候，也应该让他来认识你的价值，欣赏你的专长。为此，你要：

1. 有自信。一个人具有强烈的自信心，他就必定会敢于行动，敢于寻找、创造发展自己的机会，并乐于把自己的聪明和才干，奉献给友人，为他带去欢乐和温馨。

2. 有准备。多看看与自己爱好有关的图书资料，准备与自己爱好有关的器物，尽量使自己充实起来，以便在为朋友介绍时，能应对自如，得心应手。

3. 选择适当的时机和场合。演员表演成功，有赖于激动人心的舞台；你的价值的体现和你专长的发挥，也决定于你能否选择好适当的时机和场合。因此，你要选择双方都有兴趣的时刻，和利于你发挥专长的场合，尽情展示，尽兴发挥，让他感到惊奇，让他为有你这样的朋友而欣欣不已。

四、留给对方以空间

朋友的兴趣爱好可能你并不感兴趣，也不想参与，那么就不必强求，但要充分理解对方，在朋友交往中留给对方足够的自由天地去发展自己的兴趣爱好。求同存异，这一定也是十分重要的。

总之，不同人有不同的兴趣，我们可以去欣赏朋友兴趣，参与朋友的活动，尽管我们本身对此有可能不感兴趣，但在与朋友的互动中我们会找到乐趣，以及与朋友亲密接触。相信这样做了，你就会生活在一个"万紫千红齐争春"的友谊园地里。

朋友面前总爱任性，怎么办？

任性，就是放任性情，对个性不加约束。个性人人都有，它是人性、

社会性以及阶级性在个体身上的特殊表现，是性格、兴趣、爱好等稳定心理特征的总和。但是，有个性或者个性强，并不等于一定要任性。因为我们每个人都是生活在集体之中，只有每个人自觉地约束自己的个性，大家才能和谐地生活。否则，你也任性，我也任性，大家还如何相处？说到底，任性是缺乏集体主义精神的表现。它不适当地突出个性，把集体性和社会性全放在了不值一顾的地位。所以，爱任性的人，不可能处理好同学之间、朋友之间的关系，必然使自己处于孤家寡人的境地。

要克服爱任性的毛病，首先要正确认识自己。一般来说，一个人任性之时，正是他自以为是之时。因为他觉得自己的想法对，就不顾别人的意见，一味坚持。其实，一个人的想法对不对，不能单凭主观感觉如何，而应当从当时当地的客观实际出发进行分析判断。只有认识到自己的想法和做法不可能百分之百正确，一事当前，才能不固执己见，这样才能逐步改掉任性的毛病。如遇到事情多听听朋友的想法，在要做一件事情之前多听听朋友的意见，对自己的想法和做法要慎重考虑等等。

任性者往往缺乏度量，不能容人，要改掉任性毛病，还必须正确对待别人的意见。唯物辩证法告诉我们，矛盾是普遍存在的，凡有人群的地方，不同意见，不同见解总会出现。当与别人意见发生分歧时，能不能虚心听取别人的意见，对任性的人来说至关重要。兼听则明，偏信则暗。不能认为真理都在自己手中，把别人的意见当作耳旁风。要认真思考一下别人的意见是否有道理。要勇于放弃自己的错误的或不全面的意见，接受别人正确的意见。作为朋友，他们总是为你着想而不会害你，他们的意见往往是对你的关心和爱护。而绝对不能"好心当成驴肝肺"，把朋友的一片好意浪费。

应该说明，任性的人也不一定事事都错。有时他的意见是对的，但周围的人并没有认识到。遇到这种情况要讲究方式方法，不能靠任性来解决问题。俗话说：得理也该让三分。越是真理在自己一边，对人谈话的语气、方式、场合，越要讲究，不能急躁、粗暴。不然，虽然意见对，但态度和方法不对头，也不会有好的结果。

朋友损坏了我的"宝贝"，怎么办？

大千世界，五彩缤纷，有太多的东西惹人喜爱，由于个人的性格、爱好不同，所喜欢的东西也不同。有的人喜欢花草，有的人喜欢动物，有的人喜欢工艺品……在这其中还有自己最心爱的东西。朋友来了，拿出来与朋友共享，当是一件快乐的事。然而，有时会有不幸的事发生，譬如朋友损坏了你最心爱的东西，怎么办呢？

一、切不可翻脸责怪朋友

朋友不小心损坏了你最心爱的东西后，一定是非常地难过，非常地尴尬。假如此时你翻脸责怪，一定会破坏你们之间的友情。另一方面，就算你此刻再与朋友争吵，损坏的东西也不会复原。如果吵下去不仅加剧自己不好的情绪，也会让朋友十分难堪。当然，这种做法也不是一个有高尚修养的人的行为。相反，此时，你应设身处地地为朋友着想，及时地对朋友说："没关系!""不必挂在心上!"以此来安慰他，还必须对朋友和颜悦色。

二、如有可能，想办法将东西修复

在你宽慰下逐渐镇定起来的朋友，一定会对你表示赔偿损失，此时你千万不可轻率答应。这时候你若是答应了朋友，会让朋友觉得你是一个小气的人，因而对你产生不好的印象。你和朋友不妨一起检查一下东西，假如东西还有可能修复，你们不妨一起巧出智谋将其修好。如是玻璃制品，或许可胶粘好；如是竹制器，或是金属制品，也许可以重新削

119

出断损的部分，或使凹陷的部分复原……尽管还原的东西总不如原物那么光洁、亮丽，然而那破损还原的部分却凝聚着你和朋友间的深情厚谊。

如无法将东西修复，朋友也许会提出将其心爱之物与你破损之物调换，此时你也应回绝，所谓君子不夺人所爱，正是体现在此。真正的朋友之情是不能以物来衡量的，友情就如冬天里的太阳，让人感到温暖、舒心。自己心爱的东西没有了，随着时间的推移，你会将感情转移到另一个可爱的事物上面，然而失去了朋友的情谊，随着时间的推移，你只会越来越感到寂寞、冷清。损坏了心爱的东西，你已感到伤心，你又怎能将这种痛苦再转移到同学的身上呢？

对于那些损坏了他人的心爱之物，只会遮遮掩掩，不但不承认自己损坏还对此不屑解释的朋友，我们大可以对他采取"冷处理"，他也会因此感到内疚的。但我们的最终目的不是要疏远他，等到他真正感到自己错了的时候，也就是冰释前嫌的时候了。到时候我们应该主动去与他和好，重新走上友谊之路。

总之，朋友不小心损坏了你心爱的东西时，我们要冷静对待，不要对朋友大呼小叫的表达不满，而是要适当的宽慰因此感到十分尴尬的朋友，要应以朋友之情为重，豁达大度，妥善地处理。

 朋友和我都想得到同一东西，怎么办？

日常生活中，我们常常会遇见自己非常喜爱的东西，随即就会产生买下来的欲望。一般情况下，我们都能得偿所愿。但是，如果身边多了一位朋友，他也十分喜欢，也想买下来，并这东西是唯一的，那该怎么办呢？

我们喜爱的东西大致可以分为两类：一类是钟情类，也就是看到了这件东西就喜欢上了，并且急于买下来，根本不考虑自己是不是真正需要它；另一类就是美观实用类，这类东西既美观，又是我们真正需要的，如果不买下，便会产生遗憾。

同样，朋友也可以分为亲密朋友和普通朋友两类。亲密朋友是我们的知己，按古话说，值得我们为他"赴汤蹈火，在所不辞"；而普通朋友也许只见过几次面，说过几句话，彼此了解也不深，也根本谈不上为他"两肋插刀"。

假如现在我们遇到开头所述的问题，我们不妨这样解决：

1. 如果跟你同行的是一位亲密朋友，那么不管这件东西属于哪一类，你应该本着"友谊第一"的原则，把机会让给他。这样，他对你的了解将会更深，也就更愿意与你保持纯洁的友谊。假如下次又出现了这类情况，他也许会把那唯一心爱的东西让给你。

2. 如果跟你同行的是一位普通朋友，而这件东西经过你的仔细考虑后，发觉只是一时冲动想买它，那么你不妨把机会让给他。如果这东西你的确十分需要，你可以同他商量，有可能争取就争取。要是他执意不让，抢先买下，你也大可不必计较，你可四处留心，也许别的商店还有这样的东西。

不管是哪一类朋友，也不管是哪一类东西，你都把买的机会让给他们，这种做法看似有点傻，其实应该说是既理智又明智的。普通朋友得到这个机会，一定会对你产生好感，你们很可能会因此成为亲密朋友；亲密朋友得到了这个机会，你们之间的友谊则会更加深厚。每样东西都有价，唯独友谊是无价的。我们应该珍惜友谊。

以上谈的是解决问题的方法。当你和朋友面对唯一的心爱的东西时，也就是衡量大家对友谊认识程度的最好机会，同学们应该从小事找中学会解决问题，从解决问题中学会做人。

社会交往之朋友篇

朋友借了钱迟迟不还，怎么办？

"欠债还钱"这条天经地义的道理相信人人都懂，但有的人就是不能遵循这个道理，借钱不还，还理直气壮地没有道理可讲。大多数人在借钱之后不仅非常感谢伸出援手的朋友，而且会在最短的时间内把钱还给朋友。然而，实际生活中，也有人借钱不还，还由于种种原因而对其无可奈何。特别是很要好的朋友，借钱时很痛快地借出去了，但迟迟却不见朋友还钱。催吧，伤感情；不催吧，什么时候才能拿回钱啊？其实，遇到这种情况，我们应当具体问题具体分析，区别对待。

1. 如果你认为钱的数量不多，对你的学习、生活不会有什么影响，那就不必斤斤计较了，以免使双方都为此而难堪。朋友之间本就应该相互照应，朋友可能正急着用钱，现在无力偿还，相信以后一定能够还给你。不要因为一时的斤斤计较，让朋友感觉你是一个小气的人，还可能让朋友觉得你这个人不厚道，最终使友谊也遭到破坏，这是大家都不愿意看到的。

2. 如果你很需要那笔钱，那就要想办法履行你的债权人的责任，讨回朋友的欠款。但要注意方式方法，切勿鲁莽从事，破坏了朋友的感情。

你要设身处地替对方想一想，要了解他是否有什么困难。假若他因为家境贫寒而无力偿还，你就不应该步步紧逼。在已经陷入困境的朋友面前讨债，这还能算是朋友吗？相反，我们应该和其他朋友一起尽力帮助他，让他渡过难关。至于还钱，我想在朋友渡过难关之后，想到的第一件事就是把钱还给他的"恩人"朋友。这样，你不会从中得到快乐和欣慰，还会让你们的友谊更加坚不可摧，有失必有得嘛。

倘若并不是客观原因致使你的朋友迟迟欠债不还，你可采取婉转一点的方法来提醒他，。譬如你和他谈话时告诉他，你最近想买某东西，可是钱不够，这样他很快便会想起自己曾借你钱的事。如果这种方法不奏效，那就得采取更直接的方法，但是也要找一个合适的机会。当你和他单独相处时，你可以对他说："请问你是否还记得上次我借给你的钱？过了这么久，你大概忘了吧？"当然，你说话时态度必须有礼貌，还要注意说话的语气，使他没有一种由于被逼债而感到羞愤的感觉。可以相信，一般人经过这样的提醒，都不会再拖欠你的钱了。

在借钱给对方时，最好的办法是请你们两人都认识的第三者在场或写下一张借条，留下凭据，以防以后出现麻烦。如果真的出现了麻烦，就应该向老师或家长求助，千万不能动武力，如果动了武力，即使有理也是你错了。假如你的钱实在无希望收回了，你也不必顿足痛悔，因为你通过这件事认清了对方的为人，这也是值得庆幸的。

总之，只要你的方法恰当，把握好对方的心理，便会得到应该属于你的东西，而且也不会失去一份真正纯洁的友情。

朋友要同我结拜兄弟，怎么办？

拜把兄弟是封建社会的产物。那时，人们受自然经济的限制，眼界狭小，认为生活中只有父子兄弟才最亲。在这种血统论的影响下，一些没有血缘关系的人，为了表示其友谊程度赛过亲兄弟，就采取焚香结拜的方式，不能同生，但愿同死。由于它在历史上曾起过一定的进步作用，所以在一些小说中把它宣扬成最高尚的情谊。学生"把兄弟"的情况，其类型可分为三种：

一、攀上

这类"把兄弟"大都拜有一定权力的人或者其亲属为"老大"。这是

123

因为，他们可以凭借"把兄弟"的关系，在学习、升学等方面捞到通常情况下不易得到的切身利益。

二、附势

依靠集体的势力来保障自己不受欺负，特别是那些"势单力薄"者为免受"欺负"，便想方设法与有势力的人结拜，借他人的势力维护自己的权益。

三、好奇

很多同学对于这种小说中的团结方式十分着迷，认为"拜把兄弟"是一件很有意思的事。

四、交好

因为确实在一起感情十分要好，想借一种形式将这种感情固定下来。

其实，朋友之间感情的好坏不会因结不结拜产生很大区别。朋友关系好就是好，是纯洁的无瑕疵的友情。反而是一些思想品质不好的学生，企图用结拜的办法为自己干坏事网罗"知己"。这种情况下，结拜可能对社会及他人造成不好的影响：

其一，扰乱了正常的社会秩序。由于众多"把兄弟"的存在，难免要发生利益冲突，当"把兄弟"之间的矛盾加剧时，便引发了聚众斗殴、甚至大型械斗事件，在造成人员伤亡的同时，还连累无辜。

其二，助长了个别人的犯罪心理，增加了不安定因素。"把兄弟"们大多是年轻人，头脑简单、易冲动。在个别人的煽动下，为"兄弟情义"极易干出一些不法勾当，给人民群众的生命财产和社会造成不应有的损失。

其三，恶性循环，负面影响大。那些势单力弱，或别有用心的人想方设法与人结拜"兄弟"，结果造成了"把兄弟"队伍的迅速扩大，而且

解决学生社会交往中经常遇到的问题

已向低龄化发展。一些十三四岁的在校少年，也模仿着社会青年"拜把结义"。他们在学校不安心学习，无事生非，严重影响了正常的教学秩序。

因此，当有人要同自己结拜兄弟时，首先要认识结拜的意义，是真的要联络感情还是搞"小团伙"做坏事。

朋友要我帮他打架，怎么办？

很多学生重友情，讲义气，这原本是件好事。可是，有些人把它发展到了极端，认为只要朋友相求，就应有求必应。结果，一念之差，铸成终身遗恨。也许当时是为了哥儿们义气，也许你的"帮忙"反到把自己和你的哥儿们都帮错了，哥儿们义气是要讲，可是要注意方式方法。这个教训，是应该记取的。

其实，友谊是人与人之间的一种真挚的情感，是一种高尚的情操，友谊使你赢得朋友。当遇到困难和危险时，朋友会无私帮助，如果有了烦恼和苦闷时，可以向朋友倾诉。友谊是有原则、有界限的，友谊不能违反法律，不能违背社会公德。而"哥们儿义气"源于江湖义气，会为"哥们儿"私利而不分是非，不讲原则。诚然，友谊需要互相理解和帮助，需要义气，但这种义气是要讲原则的，如果不辨是非地为"朋友"两肋插刀，甚至不顾后果，不负责任地迎合朋友的不正当需要，这不是真正有友谊，也够不上真正的义气。

在一些历史小说和历史故事中，往往把那些路见不平、拔刀相助的人当作正面人物来歌颂——像武松怒杀西门庆，血溅鸳鸯楼等等，脍炙人口，流传久远。这使一些学生产生了一种错觉，好像打抱不平就是要用武力解决，去打去杀，否则就是孬种，不够朋友。这是一种缺乏历史知识的表现。

　　在当今社会，由于受旧社会的影响和新制度的不完善，的确存在一些不公平的事。对不公平的现象产生义愤，这是正直学生应有的品格。但是，今天的一些不公平现象，应当通过组织调节或法律程序来解决矛盾。朋友受了委屈，应当同情，但同情并不等于一定要去帮助打架。当朋友有这种要求时，要耐心地做他的思想工作，讲明利害，不能蛮干，从实际出发，帮助他依靠组织去解决问题。这样做，朋友可能暂时不理解，甚至会不满意，但将来他明白时，会从内心感激你的。因为你没有在他感情冲动时火上浇油，更没有从哥儿们义气出发帮倒忙。

朋友要我帮他隐瞒错误，怎么办？

　　帮着隐瞒他人的错误，是学生在相互交往中常见的现象。有的同学在好朋友犯了错误后，不是及时帮助他改正错误，而是替他隐瞒，认为这样才是够朋友，才对得起朋友之间的友谊；有的怕说出来伤了朋友间的和气或招来麻烦，不敢说；当然也有些同学看到别人犯了错误敢于揭发，但由于方法简单或缺乏帮助别人改正错误的诚意而影响了朋友间的感情。

　　隐瞒他人的错误是对他人不负责任的表现，会影响他人的进步，使他人错上加错。帮朋友隐瞒错误，表面上看是为了朋友好，实质上是在害朋友。有些人认为，朋友的错误只有自己知道，只要自己不说，就不会造成影响，这对朋友有好处。果真如此吗？人们常说：要想人不知，除非己莫为。错误的事情是很难隐瞒得住的，即使暂时瞒过去，迟早也会真相大白。更重要的是，帮助朋友隐瞒错误，会助长他的侥幸心理，使他由小错发展到大错，在错误的道路上越滑越远。由此可见，帮助朋友隐瞒，本身就是一种错误，它不利于朋友认识而且改正错误，也是自己不诚实的表现。

当然，这并不是主张不顾后果地去大吵大嚷，使朋友陷于难堪的处境。一个人犯了错误，特别是初次犯错，最怕丢面子。如果朋友的错误还没有在同学中造成影响，最好不要当众揭发。这样做的结果，不但会严重伤害朋友间的感情，而且对他改正也不利。可以通过谈心的办法，启发他自己觉悟，让他知道只要主动承认错误定会获得大家的谅解。如果不承认错误只能给自己制造包袱，不利于自己的发展和进步。当然，对朋友的错误进行批评，还需要讲求方式方法：

1. 帮助朋友从"错误"中找出闪光点。这一点虽然有难度，但要尽力去分析寻找，使朋友在认识错误的同时，增强改正错误的信心。

2. 如果朋友想用钱来让你保密，则应该在"钱"的问题上阐明事理。应该使朋友认识到不应该依赖钱去解决问题，钱可以买到很多东西，但是钱却买不到友谊。你不收他的钱绝不是不讲交情、不够朋友，正是因为把他当作真正的朋友才这样做的。

3. 在"保密"上做文章。对不同的错误以及不同的朋友，到底要不要保密，解决办法也是不相同的，"白脸"、"黑脸"都得唱。有些问题不太严重，且朋友的自尊心又很强，当你向他指出错误后他能及时改正，那就尊重他的意见替他保守秘密。如果错误的情节较为严重，而朋友对此又缺乏认识，你就不能再为他保密，而应该主动找老师、家长反映，以及时帮助朋友改正错误。

有人可能会问：向老师揭发朋友的错误是不是出卖朋友？会不会造成绝交的后果？我们向老师反映情况的目的，是为了纠正朋友的错误，帮助朋友进步，怎么能说成是出卖朋友呢？至于绝交，只要你的朋友是一个正直的人，当他真正认识了自己的错误之后，不但不会怪罪你，反而会感激你。如果你的朋友因此耿耿于怀，说明他思想品质不够端正，与这样的人即使绝交了，又何足惋惜！

朋友偷看我的日记，怎么办？

日记是心灵的自白，生命的记录。常写日记，对于提高自己的思想水平，锻炼自己的写作能力，大有裨益。所以，许多学生朋友都有写日记的好习惯。不过，好事有时也会带来麻烦，朋友常常偷看日记就是一例。人都是有好奇心的，在这种心理的作用下，有些自制力强的人在一般情况下会克制自己，但是有些人却不行。朋友的日记是朋友最保密的东西，但偏偏就成为他人最想知道的，于是有些人就会乘机偷看。它使一些学生朋友防不胜防，有的干脆中断了写日记，有的甚至与朋友大动肝火，断绝来往。

那么，碰到这种情况应该怎么办？如果因噎废食，从此不再写日记了，未免有些消极。跟朋友怄气，断绝来往，又太过决绝。其实，积极的办法应当是和朋友当面讲清，从思想上解决问题。

未经本人同意，私自偷看别人的日记，是一种不道德的行为，在今天更是一种违法行为。日记的内容涉及许多方面，这里既有个人隐私，也有不成熟的看法。所以，人们记日记的目的，不是为了给别人看，而是为了自勉和备忘。对喜欢偷看自己日记的朋友，要当面讲清这个道理，不能心里不高兴，嘴上又不说。这种沉默往往会使对方误认为是默许，助长他偷看别人日记的心理。

有人也许会担心，这种直来直去的办法会不会伤害朋友之间的感情？朋友是要相互包容的，如果你处理好这件事情你还可以同他做朋友，不要和他计较太多，但是你现在要告诉他，他的行为伤害了你，也伤害了你同他的友情！告诉他你不希望这样的事情再发生！我认为只要把话讲

解决学生社会交往中经常遇到的问题

透，是不会出现这种后果的。因为，友谊的基础是理解和尊重。把话说明了，对方已经了解了你的想法，一般情况下会自觉尊重你的意见，而不再随便翻看你的日记。不愉快的事情解决了，朋友之间的感情就自然得到了增强。

然而，也有这样一种人，尽管你已经当面向他表示不希望他再偷看自己的日记，他却置若罔闻。遇到这样的人，应该分析一下他的动机是什么。如果是出于一种好奇心，看了之后也能保守秘密，可以一边继续做工作，一边等待他一段时间，允许他有一个认识和改正的过程。如果对方心怀叵测，偷看别人的日记到处张扬，就应该怀疑他是否别有用心。如果这样的话，那借此你就可以明白这个人的为人，这也就没有必要再与之做朋友了。

另外，偷看日记除了偷看者的责任外，日记的作者也有一定的责任。一些学生朋友写完日记后不注意保存，顺手乱放，为偷看者提供了方便。因此，要防止别人偷看自己的日记，首先要妥善保管好日记本，不能随便放在显眼的地方。

知心朋友对我撒谎，怎么办？

知心朋友本应以诚相待，但总有这样那样的原因让坦诚变得难堪。有一天，我们突然发现知心同学对自己撒谎，对此该如何处理呢？

首先，要弄清楚他撒谎的原因。如果他是考虑到维护我们的自尊心，或担心我们的心理承受能力而隐瞒了坏消息，那么这是善意的"谎言"；如果他自己有难言之隐，不便公开，而制造假象或者假说，那么这是一种无奈的撒谎；如果明知道不对，却执意造假，或别有用心地刻意歪曲、隐瞒真相，那就是恶意的撒谎了。

善意的谎言是出于善良的动机，以维护他人利益为目的和出发点。众所周知，矛盾有普遍性和特殊性之分，特殊性包含与特殊性之中而区别于普遍性。就其善意的谎言本身的性质决定它并非恶意，而是建立在内心之诚、之善的基础上，而恶意的谎言是为说谎者谋取利益，以强烈的利欲，薄弱的理性，对他人施手段，不惜伤害他人的行为。本身善良的人在某种状态下"被逼"说出的谎言是善意的，这种谎言对主体来说是一种友善，一种关心。而心术不正的人，不管如何伪装，如何花言巧语，如何绞尽脑汁为自己恶意的谎言冠上善意的高帽，其所说的谎言都带有恶意目的性。

对于善意的撒谎，朋友的出发点是为我们着想，则应该心领他的一份良苦用心，向他致谢，同时说明希望今后能实话实说。因为是知心朋友，彼此就应该坦诚、互相信任。如果他有难言之隐，一时不便向我们诉说，我们也要体谅他，主动关心帮助他，看他有何为难之处，自己能否助他一臂之力。

那么，如何对待那些恶意的撒谎呢？我们不妨采取以下做法：

一、学会忘记

暂且忘掉这件事情，用真诚的友谊感化他。他撒了谎，知道自己错了，很怕好朋友会因此讨厌他，甚至不理他。这时候我们对他们的一言一行可能都会刺激到他，可能让他自己陷入无法摆脱的自我谴责之中，作为自己的知心朋友我们又怎么忍心这样。因此，我们可以一如既往地与他做知心朋友，甚至比以前更加关心帮助他，用真诚的友谊去感化他，使他能从错误中摆脱出来。

二、表明态度

暂且忘掉他撒谎，并非是迁就或对他的错误置之不理，而是在力求恢复友谊的前提下，含蓄地表明自己的想法。我们可以用卡片、书信，态度诚恳地表明自己希望他改正的意图，而且愿意不计前嫌。在这种情况下，相信他是会有悔改之心的。

三、宽容大度，再续友谊

人无完人，孰能无过？有过必改就好。朋友之间相处应该互相帮助，取长补短。因而我们要有容他人之过的雅量，多鼓励他进步，忘掉不愉快的事，继续彼此的友情。如果经过我们的努力帮助，他仍是不改，那么我们可以告诉老师，寻求老师的支持和帮助。

四、剖析事实，重新认识

毕竟好朋友也是会变的，在一定的条件下，或许你认识的好朋友已经不是最初那个熟悉的模样。在确定朋友不是开玩笑的情况下，确定朋友已经十分严重地伤害了自己的情况下，重新对朋友的为人进行认识，最后决定是否再维持朋友的关系。

总之，当朋友对你说谎话之后，一定要搞清楚朋友说谎话的原因，切不可因为一时冲动跟朋友反目成仇。这样既不利于问题的解决，也会严重破坏知心朋友之间的深厚友谊。

朋友认为我"俗气"，怎么办？

爱因斯坦说过："世间最美好的东西，莫过于有几个头脑和心地都很正直的严正的朋友。"友谊，是照耀着人生之路的阳光。在每一颗年轻的心里，还有什么比友情更为珍贵的呢？

但是，友情那条粗大的锁链，有时也会结出一层锈斑。朋友之间的裂痕，让人心里难以忍受。

这里，如果你的朋友们不是自命清高、妄自尊大的人，那么，你就需要从自己身上查一下原因了。

人们通常所说的"俗气"，大致包含着两层意思：一是指缺乏远大的理想和精神上的追求，目光短浅，审美趣味低下；二是指人的外在表现欠文雅、欠庄重，谈吐和举止比较粗俗。在一般学生朋友眼里，这两种表现都是被人讨厌的缺点。

为什么人们讨厌"俗气"呢？

只要我们翻开人类的文明史，就会清楚地看到，人类社会正是从低级到高级、从愚昧到聪慧、从不文明到文明逐步发展的。在人类进步的每一个阶梯上，都存在着新与旧的斗争。尽管斗争是长期的、艰苦的，但新事物取代旧事物却是不可逆转的趋势。满足于眼前的既得利益，鄙薄甚至放弃了对于理想的追求，津津乐道于自己身边的"实惠"，而丧失了继续开拓进取的锐气，这样的人，怎么会成为新事物的创造者呢？这样的精神状态，与我们的时代风格也是格格不入的。朋友们认为你"俗气"，你就应该认真地想一想，自己思想上是不是存在着这些阻碍进步的杂质。

要使自己跳出"俗气"的泥潭，应该从哪些地方着手呢？

第一，要树立远大的理想，并且脚踏实地地去追求，切不可沉湎于蝇头微利、蜗角功名之中。人的真正价值，就在于为世界的进步和发展贡献力量，并且在这种斗争中使自己逐步完善起来。那些学习上不求进取，一味比身世、比金钱甚至比穿着打扮的人，是最可怜的。

第二，要培养高尚的审美情趣。审美观念似乎看不见、摸不着，但它却实实在在地存在于每个人的头脑中，并且也有俗雅之分。有些人努力去追求真正美好的东西，扎扎实实地去充实自己，从而使自己站在一个较高的层次，受到其他人的敬佩和赞许。相反，也有的学生朋友思想上的审美情趣标准很低，他们不分良莠，只是醉心于流行的时尚。这样的思想，怎么能不被人称为"俗气"呢？

第三，要提高自己的道德素养，做讲文明、懂礼貌的新人。一个人的谈吐、举止等外在表现，像一面镜子，折射出他的内心世界。不可能设想一个有远大理想的人会举止粗俗，满口污言秽语。所以，我们在充实自己内心世界的同时，也应该注意自己的外部形象，使自己成为受人尊敬和钦佩的人。

不管前面有多少艰难险阻，青少年一代总是向上的。只要我们在精神文明建设中加强自己的道德素质，就可以使自己以崭新的面貌出现在他人面前。

 朋友心胸狭窄，怎么办？

跟心胸狭窄的朋友相处是不容易的。他气量小、好怀疑，遇事斤斤计较、感情用事，还喜欢走极端。和心胸狭窄的人相处的关键是我们自己必须气量大度。心胸狭窄的人一般有两个特点：一是容不得人，二是容不下事。他们往往对比自己强的人妒嫉，对不如自己的人又看不起。他们生性多疑，一点小事也常常折腾得吃不好睡不着。所以，与这样的人相处，肯定会发生一些不愉快的事。如果我们缺乏气量，也跟这样的人一样斤斤计较，就无法相处。相反，如果我们气量大度，胸怀宽阔，就会使那些不愉快的事化为乌有。

目光高远的人才会有气量。如果对方因心胸狭窄有对不住自己的地方时，要从有利于学习和团结的大局出发，能忍耐的就忍耐，能谅解的就谅解。这不是软弱，而是心胸宽阔、风格高尚的表现。交通规则不是提倡"安全礼让"吗？为了学习和友谊，我们为什么不可以"礼让"呢？

尽管如此，这类朋友身上，你也可以发现他有不可多得的优势：观察细致、深刻，感受灵敏、强烈，感情丰富、细腻，一般人不宜察觉的事物，

他却能反应迅速而强烈。和这类朋友相处的好，会使我们在学习和生活中，获得意想不到的收获和无穷的乐趣。当然，对这类朋友，我们要看重他的优势，但更要正视他的不足，"心胸狭窄"毕竟是人们性格上的一大缺陷。

作为他真正的朋友，我们应该：

一、弄清"病"因

为人心胸狭窄的形成，既有气质心理的因素，也有环境影响的原因。有的因自小在家中受到歧视，家长动辄打骂，心理上受到挫伤；有的则是自小娇生惯养，养成不顾他人，凡事只考虑自己的心理；有的生活十分单调，缺少与人交往的机会，内心的喜怒哀乐未能充分发泄；有的则是家庭发生重大不幸，或是身患疾病，以致学习上力不从心，心理上有沉重的负担；有的则是多种因素交叉。总之，首先你要弄清楚朋友的"病"因，然后才能对"症"下"药"。

二、疏导与宣泄

平时你要有意识地与他多接触、多沟通、多交流，创设条件，让他能尽情地倾诉形成不良性格的原因。遇到矛盾和冲突，就及时让他诉说自己的委屈，并给予开导和安慰。

三、鼓励与学习

要鼓励他多学习，尤其要多读有关修养方面的书籍。要使他认识到，为人心胸狭窄的危害，更要使他懂得，人的性格有差异，但这种那个差异并非不可逾越，重要的是在于人生历程中的锻炼和培养。要欣赏他的专长，夸奖他的优势，让他能看到自己的长处，增强克服性格缺陷的勇气，鼓励他不断探索"重塑自我"的途径和方法。

四、参加集体活动

锻炼气量的好方法是"不要脱离集体"。这是专家的金玉良言。对于你的朋友来说，积极主动地参加班级和学校的集体活动，通过活动，有意识地培养和造就良好性格，这才是最好的途径和办法。因此，你要鼓励他，多多参加集体活动，通过活动，帮助你的朋友成为一个兴趣广泛、性格开朗、喜爱交往的现代青少年。

不懂得到朋友家"串门"的规矩，怎么办?

年轻人正是精力旺盛的时候，谁不喜欢多交几个朋友呢？朋友之间的互相往来，对于交流思想、沟通信息、增进感情、推动学习，都是大有裨益的。

可是，有的学生朋友却因为这件好事在发愁。他们也喜欢到朋友家去"串门"，可是去了几次以后，就感到主人的热情在"降温"，有人甚至感到自己简直像个"不受欢迎的人"。这是怎么回事呢？

其实，道理也很简单：访友是一门学问，到朋友家"串门"也要讲规矩。这种规矩不是可有可无的繁文缛节，而是一个人文化素养、道德水准的外在表现。每一个当代学生，都应该懂得这些基本常识。

那么，访友做客后该注意些什么问题呢？我想，大致有这样几个方面：

一、要选择适当的时间

有的学生朋友认为，我和朋友关系不错，啥时候去跟他聊聊还不是一样？这种看法是欠考虑的。和朋友交谈是件好事，但它毕竟不能随心所欲，只应该在你和朋友都有闲暇的时候进行。你也许会有这样体验：老师交给你的材料还未写好，你刚在桌上铺开了稿纸，却来了个朋友找你聊天，结果他谈了些什么你根本就没听进去。由此可见，访友做客一定要选择适当的时间，特别是要替人家考虑，尽量不要占用朋友的学习时间，做客不要过于频繁，时间也不要太长，以免给朋友带来麻烦，影响学习和休息。

二、要注意自己的举止

文明礼貌是每一个人都应当具备的基本素质，即使到自己的朋友家去"串门"，也不应例外。就拿敲门来说吧，有的小伙子上门做客，用拳头使劲捶门，甚至用脚去踹门，这样的"通知"方法只能使主人感到不快。还有的人在朋友家里高跷着二郎腿，旁若无人，甚至乱丢果皮、烟蒂，随地吐痰，这样的行为更会引起人家的反感。所以，我们应该使自己的举止文雅大方，妥贴得体。到别人家里去做客，对人家的家庭成员，特别是长辈老人，要热情问候；对主人给予的招待，要及时道谢；要尊重别人家里的卫生习惯，不要给人家带来麻烦；如果你带着弟弟去"串门"，就得告诉弟弟不要乱跑乱叫，不要翻动和拿走人家的东西，更不能随地大小便。这样做，才会使对方感觉到你对他的尊重。

三、要选择合适的谈话内容

朋友之间的往来，是建立在感情融洽的基础上的，朋友之间的交谈，也是一种平等的思想交流。所以，和人家谈话时，首先要耐心听取人家的意见，让人家把话讲完。如果自己有不同看法，也应该尽量用委婉的方式、和缓的口气讲出来，切不可当面就激烈地驳斥对方的看法，使主人在家里感到难堪。还须注意的是，除非特别必要，一般不要提及主人不愿谈起的事情。如果你要请朋友帮你的忙，如事情简单，你就不妨直言，无须转弯抹角；如事情复杂、棘手，你可以先谈些相关的事情来探询主人的态度，这样，就不会使朋友感到过于为难。

"串门"的规矩还真不少呢！上面谈到的只是常遇到的一部分问题。只要我们注意了这些，就会使自己成为一个受人欢迎的人。

社会交往之同学篇

怎样与同学们友好相处？

　　我们有很长一段时间生活在同学群体之中，至少要和几十个同学在一个个时期内朝夕相处，能否处理好彼此之间的关系对自己、对大家、对班集体都具有十分重要的意义。那么来自不同家庭、具有不同特点的同学怎样才能做到友好和谐地共同学习、生活在一起呢？在这里我们提出以下需要注意的方面：

一、学会尊重别人

　　不要对同学的外貌、衣着、习惯特别是某种缺陷品头论足，歧视嘲笑，甚至起侮辱性的绰号传播。这会严重挫伤他人，也恶化彼此的关系，破坏他人和你自身的形象，严重的可能发生激烈对抗的事件造成恶果。尊重别人，实际上就是在尊重自己。有些同学喜欢开玩笑，但开玩笑要有分寸，不能拿同学的生理缺陷开玩笑，也不能拿同学的难处开玩笑。开玩笑过了头，就会适得其反，会使同学之间的交往产生隔阂。尊重体现在方方面面，如主动跟同学打招呼；不要对同学说不文明语言；同学

137

与你讲话时，要认真倾听，不要左顾右盼、东张西望；不要在背后议论同学等。这些看起来是小事，但要做到这些却并非是一件容易的事。应注意自觉地尊重他人，体谅理解他人，关心爱护他人，才能搞好同学关系，也表现出你的道德品质。

二、要团结友爱，互相帮助

原本素不相识的人们聚合到一个班级里，可谓有缘，大家都应该团结互助，包括学习好的帮助学习差的，劳动中体力好的帮助体力弱的，对有病的同学更是要关心、探望和帮助补课，积极支持同学在某些方面取得的成绩并由衷地祝贺，对犯错的同学不能讥讽排斥而是要热情帮助。总之，用你的力量为同学、为集体作出贡献，你会乐在其中，你与同学们也会其乐融融。

三、发生矛盾要冷静理智地解决

自己的牙齿还会咬到舌头呢，何况是同学之间，有一些矛盾产生是难免的，关键是处理的态度。如果是小事、非原则性的事，则完全可以主动谦让，显示风格，"退一步海阔天空"，不能因芝麻绿豆大的小事闹得不可收拾，伤人害己，两败俱伤。即使是一些大事、涉及原则的事，也可以避免吵架、打骂、彼此攻击、恶意侮辱，把本来很明确的事搞复杂、搞出恩恩怨怨，可以心平气和地讲清楚，可以寻求老师和其他同学的帮助，如果发生争执可以暂时回避，待双方都冷静后再交换意见等等，打骂攻击是不可能解决好矛盾而会激化矛盾和恶化同学关系的。

四、不卑不亢

不要自视颇高贬抑他人，也不要过于谦卑，让人瞧不起你。也就是不要走极端，而应以自信平和的积极态度对待同学，在学习和活动中加深友谊。在现实生活中确实存在着这样一种自视颇高的人，他们锐气旺盛、锋芒毕露，处事则不留余地，待人则咄咄逼人，有十分的才能与聪慧，就十二分地表现出来，结果他们在人生旅途上屡遭波折。

五、善于交流

要善于与同学交流，学会倾听他人意见，不要固执己见。良好的同学关系全赖互相了解。要达到互相之间彼此了解，就要加强交往，在思想和态度方面经常沟通。所以，除了在学习中彼此主动互相照应外，学习之余要多搞些社交活动，主动找同学谈谈心，讨论某个问题、交流某些信息；也可以一起下下棋、打打扑克；还可以搞点郊游、远足之类的集体活动等等。

当别人与自己的看法、态度不一致时，不可横加指责而不让别人说话，要认识到各人的看法、态度自有其本身的原因，可能你对，也可能对方对，也可能完全可以共存，也可能恰好可以互补，不可一味自以为是，使人觉得你很难相处。

六、要真诚待人

这一点很重要，你若四面讨好或是搬弄是非，也许一时还能使人觉得你为人不错，时间一长就会觉得你的为人值得怀疑了，到那时你就悔之晚矣。"以诚待人，以信交友"是人际交往的基本准则。假如你有了错误，就要认错，不要掩盖。假如同学这次考试没有考好，而你考得很出色，这时候的你就不要讥笑、瞧不起同学，而要真心地去关心帮助他。纯真应是我们学生的骄傲，不要沾上市侩习气。

同学们友好相处还有不要卖弄聪明、不要强迫他人、不要板着面孔、不要失信食言等等，让我们在实践中逐步自我总结和自我提高吧！

 怎样与同宿舍同学交往？

新生一入学，很快就会被一些非常偶然的因素，比如学生报到时间

社会交往之同学篇

139

的先后、宿舍房间分配、班主任因素、专业班级因素等，给分配到某一间宿舍。当某个学生进入到一个新的宿舍环境之后，与宿舍同学的脾气、禀性能否合得来？能否相互认同和接纳？能否相互宽容和理解？遇到矛盾和冲突之后，能否及时地并适当地调整自己的心态和与人交往时的言语行为方式？诸多问题都直接、深刻地影响着每个学生的学习和生活状态。时间长了，还会影响一个学生的性格形成和做人处世的风格及准则。假如你是一位住校学生，那和你交往最多的莫过于同宿舍的同学了，真可谓朝夕相处，低头不见抬头见。因此，同宿舍的同学团结协调，处好关系是极其重要的。

同宿舍的同学与一般同学在交往上的不同之处是：不仅共同学习，而且一起生活，接触时间多，空间距离小，还具有不可远离性。与其他同学发生了矛盾纠纷，还可以避而远之，而与同宿舍的同学有了矛盾，则躲不开避不掉，还得天天在一间宿舍里共同生活。一个宿舍仿佛一个家庭，同宿舍里的同学都是"家庭"成员。"家庭"中和睦团结，大家感情融洽，互相关心，就会精神振奋，生活愉快，学习劲头倍增。反之，就会情绪低落，影响学习与生活。

那么，同宿舍的同学在交往方面要注意什么呢？

一、互相关心帮助

同宿舍的同学，应在思想上互相关心，学习上互相促进，生活上互相照顾。同学取得成绩和进步时要热情祝贺，思想上有波动或苦恼要耐心劝慰，学习上遇到困难挫折要尽力关心帮助，身体不适时要问寒问暖，端水送饭。一人欢乐大家共享，一人有难大家帮。

二、礼貌和尊重

同宿舍的同学由于经常在一起，彼此之间不必过于讲究礼节，但这不是说不要礼貌和互相尊重。越是交往密切，越要尊重别人。同宿舍的同学要特别注意在小事小节上尊重别人，例如不随便坐在别人床上，不随意乱翻别人的东西，需用别人物品要商借，有事需帮忙要说"请"。假如自己是一位班干部或成绩优秀者，在同宿舍同学面前应谦虚谨慎，不能骄傲无礼。在一个宿舍里生活，没有高低贵贱之分。大伙都谦虚坦诚，友谊才会长久。

三、宽容和克制

俗话说："世上没有两片相同的叶子。"每个同学也都有各自的习惯爱好、性格脾气，因此，在同一宿舍里生活，就得理解和宽容别人，不要去干涉别人的爱好，指责别人的习惯。对于自己，则要约束和克制，想一想自己的性格是否能被其他同学接受。假如自己做错了事，要向别人道歉。发现自己有不足，应努力改正、克服，决不能随心所欲。当然，宽容不是丧失原则；克制也不是改变自己个性去迎合别人。

四、建立宿舍制度

古语道："没有规矩，不成方圆。"同宿舍的同学各人素质修养不同，所以必须有一个共同的约束。在刚搬进宿舍时，就要会同所有的"舍友"，一起讨论制定一个宿舍规章制度，如轮流搞卫生打开水等。这样，通过规章制度约束管理，能避免许多麻烦，也有利于团结友好，创建文明宿舍。

只要我们要抱着一颗平常心，真诚待人、多些宽容、少些计较，经常总结反省自己交往过程中的成败得失，多学习一些人际交往之道，慢慢地，我们就会成长起来，建立起良好的宿舍关系，拥有越来越多的朋友和各种社会支持力量。在快乐的时候有人与你分享，痛苦的时候有人与你分担，忧伤的时候有人给你安慰，气馁的时候有人给你鼓励。

社会交往之同学篇

141

怎样与新同学交往？

由于各种原因，改换了学习环境。面对周围一张张陌生的面孔，有的同学感到了孤独，希望能赶快适应新的学习环境，和同学熟悉起来，共享同学友谊的快乐。那么，到了新的学习环境，怎样与同学交往呢？

一、由小到大法

与新环境中的同学交往常常是从同桌开始的，在共同的学习中和同桌接触的机会最多。在与新同学的这一次小谈话中，你的态度一定要温和，这样会让你的新同学对你的第一印象要好一些，然后，你可以问问她叫什么名字，然后可以再谈谈你的兴趣、爱好，这样会让你们彼此更加了解一些。一个小玩笑，一个眼神，一个微笑，一点小小的帮助，都能使自己和同桌迅速地熟悉起来。在这个基础上，和周围的同学、同桌的好友以及班内的许多同学相识、结交，成为集体中的一员。

二、兴趣催化法

如果自己是一名足球爱好者，听到别的同学在谈论足球赛，并加入他们的谈论时，开始的拘谨和陌生感，很快便被大家进行的滔滔不绝的议论所代替，"球友"、"球迷"，是你和新同学共同的称号，共同的兴趣成了新同学接纳自己的催化剂。每个人都有自己的兴趣爱好，这个方法不妨一试。

三、参与表现法

陌生感来自于不熟悉。虽然刚到新的学习环境，但是不能把自己当成是班级的局外人。班级里的各项活动，包括卫生、劳动、文娱活动、体育比赛，应尽自己能力参加，向大家展现一个关心集体、热情大方、多才多能的形象，以此减少自己和同学之间的陌生感，进而不断增加互相之间的交往。

四、顺其自然法

有些人在到了一个新环境中比较容易与陌生人打成一片，有些人则比较慢才能和大家熟悉起来，这都无关紧要，是个人性格的区别。不必急于求成，在平日的学习、生活中逐步和同学们熟悉起来。遵守班级纪律，服从班级管理，随着时间推移，大家逐渐熟悉，不知不觉中你已经适应了新的学习环境，成为班级里的当然一员，朋友也就逐步地多了起来。

在一个陌生的新环境中，与新同学的交往还要注意礼貌和一些生活细节。特别是生活中要注意互相照顾，互相体谅。

 怎样关心残疾同学？

残疾同学除了每天坚持学习，完成并不轻松的学习任务以外，同时还要忍受因残疾给他们的学习和生活带来的种种不便和痛苦。他们面对的困难比正常人要大的多，更需要得到同学们的关心和帮助。

要想关心和帮助残疾同学，就要先了解他们的心理特征。他们的心理特征主要有：

一、自卑和孤独心理

这是残疾人普遍的心理特点。由于生理和心理上的缺陷，使他们在

学习、生活和就业方面遇到诸多困难，得不到足够的支持和帮助，甚至遭到厌弃或歧视，因此产生自卑心理。生理或心理上的缺陷，还会导致他们活动受限，无法进行正常的交流，缺少朋友，久而久之就会产生孤独感，这种孤独感会随着年龄的增长而逐渐增强。

二、敏感多疑、自尊心过强

残疾状态会导致残疾人注意力过度集中，过多地注意别人对自己的态度，对别人的评价极为敏感。别人对其不恰当的、甚至是无意的称呼，都可能会激起他们强烈的反感。如果他们的自尊心受到损害，就会当即流露出愤怒情绪，甚至采取过度自卫的手段加以报复。

三、深刻的抱怨心理

抱怨父母、抱怨领导、抱怨命运；认为天地之间，难以容身；人海茫茫，唯我多余。

四、情绪不稳定，但富有同情心

他们对外界的情绪反应强烈，容易与别人发生冲突。但残疾人对残疾人却有特别深厚的同情心。他们较少与非残疾人交流，除了"话不投机"的原因外，还与交流不方便有关。

了解他们的心理特征之后，我们应该怎样关心他们呢？

一、要平等地对待他们，尊重他们的人格

残疾同学容易产生自卑感，觉得自己某些方面不如别人，因而他们往往又特别敏感。有时同学们言行稍有不慎，便会自觉不自觉地伤害了他们的自尊心。因此，在与残疾同学相处中，同学们应明白，残疾仅是他们身体的缺陷，不是他们的缺点。这种缺陷是他们无法改变，也不可能"改正"的。责任不在他们。他们以残疾的身躯承担了和我们同样重

的学习任务，付出了比我们大得多的努力，他们身残志不残，勇敢地向命运挑战，应该值得我们学习和敬佩。

二、在思想上要与他们多交流、多沟通，做他们的知心朋友

残疾同学的身心压力一般比正常人大，痛苦也多，对别人的戒备心也比较强。他们一般不大会主动与同学交朋友，唯恐遭到冷遇。因此，同学们要主动与他接近，敞开心扉，与他们多交流、多沟通、遇事多为他们着想，做他们的知心朋友。

三、要根据他们的需要，及时地给予各种形式的帮助

帮助残疾同学要根据他们的需要去做，不可事事包办、代替，那样反倒会适得其反，伤了他们的自尊心。例如：对行走不便的同学，可根据他们的具体情况，用自行车接送他们上学、放学；或帮他们背书包，陪他们一道步行；背他们过河，搀扶他们上下楼梯等。需外出集体活动时，也尽可能地接送他们一起参加，使他们感受到集体的温暖；对手不方便的同学，可帮他们削铅笔，吸墨水、拿物品等。平时，要注意做好周围同学的思想工作，动员大家一起来帮助残疾同学，从而形成一种良好的班风，使残疾同学生活在一个温暖的大家庭中。

四、要坚持正义，主动维护残疾同学的合法权益

有一些人的道德水平不够高，他们对残疾人抱有歧视和偏见，使残疾人的人格和合法权益不能得到充分尊重和保障。因此，我们见到有人对残疾同学不够尊重，甚至有侮辱性的言行时，要挺身而出，申张正义和公道。对有损残疾同学合法权益的事情要坚决斗争，同时要向有关人员和单位宣传《残疾人保护法》，保护残疾同学的合法权益。

社会交往之同学篇

# 怎样给同学提意见？

同样处理一件事，处理得好，能使人笑；处理不好，会使人跳。

日常生活中，我们经常会看到有的同学不爱护公共财物，在装饰一新的学校走廊里踢足球，洁白的墙上留下一个个漆黑的球印。我们也会看到，有的同学不讲卫生，在教室里嗑瓜子，瓜子壳不是吐得满地，就是塞在课桌肚里，洁、齐、美的教室弄得脏乱不堪。更有甚者，有的同学缺少公德，不拘小节，未经他人同意，随便乱翻别人的书包，私自动用他人学习用品……凡此种种不规行为如何劝阻？是板着面孔训斥、批评，还是事不关己，不闻不问，或是江湖义气，彼此有数，结论是显而易见的，对那些不爱惜公物，不讲卫生，不守公德的同学应指出："同学你不该……"但是一句话可以使人跳，一句话也可以使人笑，如何有效地提出意见？请看下例：

提意见大有决窍，巧妙就在当别人有了偶发的过失，千万不要将别人置于被审的难堪境地，要给人以下台的"梯子"，维护他的尊严。自以为高明，站在人家头上指手划脚提意见，别人非但不接受，甚至会反感。用教训人、指责人的方法提意见很难奏效。我们可以采用以下三种方法：

一是提意见必须私下地、秘密地进行。那意味着，除了你们双方，绝对不能有他人在场。你们不能只是站在一个拥挤的房间的某个角落。你们必须要呆在一个关着门的房间里，以免人们路过的时候走进来。知道这个谈话的只能是你们双方。

二是总是以称赞开始。无论有什么地方需要校正，肯定有更多的不需要校正的地方。先称赞人们做得对的地方，然后再谈到需要校正的事情。在诚实称赞的光芒下，校正看起来不像批评，也不会被认为是批评。

它的一切目的只是提出一些建议，使事情变得更好一些。

三是称赞要针对本人，而校正不要针对本人。如果你友好的话语充满情感而且积极向上，人们的情绪就会得到提升。当你提出建议的时候，要确保它们是客观的。把它们表达出来的时候，不要针对本人，不要把焦点放在开始、放在过程、放在结果上，也不要放在所涉及的人身上。

 ## 与同学发生矛盾，怎么办？

同学之间闹了矛盾，往往互不理睬，这样很不好。一个人不可能与世隔绝的过一辈子，必然要和人接触，要生活在人与人的交往中。在与人交往中，不可能所有的人都像你的父母那样，对你宠让、迁就，总会发生摩擦、冲撞，尤其是在独生子女组成的群体里，同学之间发生矛盾是在所难免的。因此，切不可同学间稍有不愉快就委屈得了不得，也不要因噎废食，不再和同学接触，把自己封闭起来。双方不理不睬的时间越长，和好的难度就越大，就像结冰的时间越长，越难溶化一样。

战国时大将廉颇因为官位在相国蔺相如之下，心中不服，扬言见到蔺相如时要当面羞辱他。从此，蔺相如就时时回避廉颇。他说："我所以主动回避廉将军，正是害怕赵国因我们的冲突而遭受敌国的侵略。"这话传到廉颇耳朵里，他既感动又惭愧，便亲自去蔺相如家"负荆请罪"。这个故事告诉我们，当对方"火气"很大时，你要有君子风度，气量大一些，主动回避。有时，当你想与对方和好，对方仍然板着脸，不想和好时，你也要耐心等待，让对方有一个觉醒的时间。千万不能"以牙还牙"，使矛盾更加激化起来。

同学间发生矛盾，往往是因为一些学习生活中的鸡毛蒜皮的小事，有时就是一句话、一个眼神、一个小磕碰、一次小接触，许多时候还是

147

误会造成的。

在与同学发生了矛盾之后，我们应该：

首先要冷静下来，想一想矛盾发生的前因后果，看一看这里边有没有误会，可以找其他同学了解一下，或直接找这位同学平心静气地谈谈，也许两个人的疙瘩一下就解开了，那时你会发现化解矛盾是一件多么快乐的事啊！如果这里面没有误会，一下子很难化解，这就需要我们的大度和谦让。要知道，一个人的大度和谦让，是这个人素质高的表现，不会让人小看，反而让人敬仰。

接着，不要把所产生的矛盾看得过于严重。同学间的纠纷，通常因为日常小事等一些非原则性问题而产生的居多。这些小矛盾随着时间的推移，一经双方解释清楚，就会烟消云散了。因此，不要因为与同学发生了矛盾，就势不两立而中断了来往。为了一件小事而影响同学友谊是十分不值得的。即使是原则性问题，或者明显是对方错了，也不必太在意，世上无完人，谁能没有过错呢？只要有错必纠，知过必改，这样的人就理应受到别人的理解和尊重。

然后，主动消除矛盾。如果错在自己，要敢于承认，勇于道歉，取得对方的谅解。这样做不是"没面子"，而是在挣回面子。你可以大方地过去，诚恳地说："我想过了，那件事错全在我，我真诚地向你道歉，假如你能接受我的道歉，我会很感激你的，我想我们会成为好朋友的。"

如果错在对方，也没必要非要扭着劲等对方来道歉，你应该大度一点。你想想看，同学之间与其每天这样别别扭扭地在一起学习生活，倒不如化解矛盾，每天开开心心快快乐乐地在一起学习生活，两相对比，谁对谁错又算得了什么呢？

古语说得好："退一步，海阔天空。"既然同学间没有什么利害冲突，其中一方谦让一些，姿态高一些，主动向对方承认错误，就会冰释前嫌。我们可以用卡片、小礼物或委托一位好友来向对方表示歉意，面对如此诚恳的态度，相信对方会感动，矛盾自然会消除的。

解决学生社会交往中经常遇到的问题

最后，避免矛盾再次发生。经过一次矛盾的产生与消除，同学间应该真诚地相互交流，多了解对方的性格脾气，找出彼此间的共同点，求同存异，互相谅解，避免今后再发生纠纷同学间相处，处好了那是一件很快乐的事，只要我们遇事多从自身找原因，就会少一些抱怨；而当我们付出时，我们的心里就永远不会失去平衡。我们就会永远快乐地生活在集体里，畅游在社会的激流中。

在消除矛盾中，我们要宽容大度，有谦让精神，但绝对不是迁就对方的错误行为。我们在态度上谦让，但对待原则问题一定要分清是非。同学间发生小摩擦是正常的，我们应通过恰当的途径、方式主动消除矛盾，双方互相体谅，互相理解，从而形成和谐、团结的同学关系。

与同学的关系一直冷淡，怎么办？

今天的学生，是社会的人，无论现在还是将来，都要依附于社会、服务于社会，都必须具有良好的人际关系。现在，你与你的同学关系一直冷淡，可能是由以下几个方面的原因造成的：①不喜欢自己所在的学校或班级；②由于家庭自身的环境缺陷或不协调使你习惯冷淡；③自身性格内向，缺乏外在热情，使人感到冷淡。

同学之间关系冷淡首先要从自己主观方面去反思。如果你是一团火，富有同情心和助人为乐的精神，同学们就会主动靠近你，和你交往，产生深厚的友情。

怎样改变目前的局面呢？

一、要从人的一生长远目标来认识人际关系的重要性

一个人的命运是和社会境遇联系在一起的，要增强社会责任感；一

项伟大的事业不是由少数人完成的，它需要亿万人的共同努力和相互支持；你要体现人生的价值，就一定要服务于社会。这一切都必须有一个良好的人际关系。

二、要建立良好的人际关系，必须要有爱心

要热爱自然、热爱祖国、热爱人生，富有人道主义和助人为乐的精神，学会关心和同情，用真诚换取真情。与同学处不好关系的人之所以常感孤独与烦恼，归根结底是满足不了被人关心的需要。怎样才能得到别人的关心呢？唯一的办法是你首先要去关心别人。因为你有希望得到别人关心的需要，别人也有同样的需要；你愈关心别人，你在他生活中的重要性将因之而得到增加，自然地他也会转而关心你。

三、要互相尊重，不要伤害他人的自尊心

不要对同学的外貌、衣着、习惯特别是某种缺陷品头论足，歧视嘲笑，甚至起侮辱性的绰号传播。这会严重挫伤他人，也恶化彼此的关系，破坏他人和你自身的形象，严重的可能发生激烈对抗的事件造成恶果。尊重别人，实际上就是在尊重自己。有些同学喜欢开玩笑，但开玩笑要有分寸，不能拿同学的生理缺陷开玩笑，也不能拿同学的难处开玩笑。开玩笑过了头，就会适得其反，会使同学之间的交往产生隔阂。尊重体现在方方面面，如主动跟同学打招呼；不要对同学说不文明语言；同学与你讲话时，要认真倾听，不要左顾右盼、东张西望；不要在背后议论同学等。这些看起来是小事，但要做到这些却并非是一件容易的事。应注意自觉地尊重他人，体谅理解他人，关心爱护他人，才能搞好同学关系，也表现出你的道德品质。

四、要加强交往能力的自我训练，学会微笑和礼貌待人

首先用微笑改变面部表情，主动向别人问好；学会用商量的口吻与

人交谈，积极参加同伴活动；注意仪表、打扮，强调整洁、端庄和适度的修饰，因为举止文明、仪容端庄的孩子容易为他人所接受；训练助人为乐，对别人的正当请求提供帮助，从而获得同伴的喜爱、获得更多的朋友；训练合作技能，寻找合作机会，训练解决问题的能力，使自己在与他人的交往中得心应手、应付自如。

五、改变自己

同学关系紧张的人大多在性格和习惯方面有些毛病。例如，清高、傲气往往让人敬而远之；狭隘、自私往往受人厌弃；吝啬、刻薄往往受人卑视；花言巧语，爱耍手腕最终会被人唾弃；等等。另外，有的人还有不少影响他人的坏习惯，或经常有令人讨厌的举动，这都会影响到同学关系。所以，刻意改变自己的不良性格和习惯，也应作为处好同学关系的一条重要措施。还要加强心理品质的锤炼，做到光明磊落，襟怀坦白，为人处事宽厚为怀，不要刻薄，使小心眼做势利小人。

这样，你就可以获得友谊和朋友，受到社会的接纳，拥有多彩的人生。

同学议论我，怎么办？

其实，被别的同学议论的原因很多：也许是因为他自己有了缺点做了错事，也许是有些事情其他同学不明真相，也许是自己某方面突出而被别人嫉妒。当然，也有个别同学在背后不负责任无中生有地议论别人。但不论何种原因，都应按下面的基本原则和方法来处理。

一、冷静对待

听到同学在背后议论自己，要平心静气，冷静思考，采取"有则改

之，无则加勉"的态度，决不可怒气冲天地去找同学当面对质，也不可大吵大嚷，闹个不可开交；更不可有报复行为。这些都只会把事态扩大，产生不良后果。

二、热忱友好，正常交往

《论语》中有一句名言："君子坦荡荡，小人长戚戚。"听到有同学在背后议论自己，不必耿耿于怀，记恨在心，而应胸怀开阔，一如既往地和那些同学交往。同学有进步，你衷心地祝愿；同学有困难，你热情地帮助；同学有苦恼，你真诚地去安慰。这样，你不计较个人得失，对人热忱友好，同学们就会接近你，信任理解你，即使喜欢背后议论你的同学也会慢慢改变他的言行。

三、解释误会

假如有些同学的议论是因为某些误会引起的，那么可以寻找机会解释误会。或找同学当面解释，或在班级里公开澄清事实真相，或通过老师或班干部转告解释。解释误会一定要讲真话，态度要坦诚，并注意寻找一个恰当的机会，不要贸然行事。

四、寻求帮助

倘若有个别同学无中生有、不负责任地背后议论，或者态度实在过分，以至在同学中间产生消极影响，那就要向班主任或学校有关方面反映，以寻求他们的支持和帮助。反映时要讲清有关情况。请班主任出面解决，也主要是化解矛盾，消除隔阂，而不是让班主任去训斥处罚那些同学。

总之，身正不怕影子歪。只要你胸怀坦诚，对人热情友好，即使有同学背后议论你，也不会长久，你永远不会失掉真正的朋友。

同学瞧不起我，怎么办？

"人要脸，树要皮。"每个人都有自尊，都有维护自我形象的权利。但在日常学习生活中，有许多同学却因被周围同学瞧不起而烦恼，觉得处处抬不起头，变得越发自卑。其实，大可不必如此烦恼，我们可以这样做：

一、寻找原因，力争改正

反省一下因何被人瞧不起，是先天生理上的缺陷——残疾、口吃、相貌不正，还是后天诸多因素所致的肥胖、成绩落后、不讲卫生等。先天的缺陷不可改变，但可以通过侧面弥补加以掩饰；后天的不足，就应凭借决心、耐心、恒心去改正它。

二、主动亮出不足，寻求同学的理解

同学们瞧不起人并非心存恶意，因此大大方方说明自身存在的不足，对此或表示遗憾，或决心努力改进，相信同学们会理解，也会在今后的学习生活中照顾、帮助自己的。不要过分遮掩自己的不足，这样只会引起同学的好奇与更多的瞧不起。

三、树立自信，全方位展示闪光点

每个人都有闪光点，或是在智力上，或是在体能上，或是在艺术素质上，因而在与同学相处中，着重体现出优势，吸引同学的注意力，使他们逐渐淡忘自己的不足，这也是一种可行的办法。我们千万不要因为有一点被人瞧不起，就全盘否定了自己的一切。静下心来，想一想自己有何特长，有何兴趣爱好，能否通过它们来积极地转变同学们对自己的态度呢？

社会交往之同学篇

被人瞧不起不是最坏的事，最坏的是我们自己陷入自卑的泥沼，不能自拔。最坏的是自己瞧不起自己。

不同民族的同学之间，怎样交往？

我国是一个多民族国家，在许多地区的中学，都有不同民族的同学在一个班级共同学习。搞好不同民族同学之间的交往，不仅有利于同学们生活和学习，而且有利于民族团结。所以，不同民族同学之间的交往意义重大。不同民族同学之间的交往应以团结友好为原则，以尊重关心为前提，以互相学习共同促进为目的。具体说来，不同民族的同学之间交往要注意以下几点：

一、主动热情

一般说来，不同民族的同学由于从小生活在不同的民族环境中，生活习惯、学习条件都不同。因此，刚开始交往接触时可能有些陌生。那么，不同民族的同学之间的交往更要注意主动热情。见面要主动打招呼，有同学在生活上、学习上发生了困难，要主动热忱地帮助解决；有同学思想上有苦闷忧愁，要热情劝慰。班级的集体活动，也应组织各民族的同学参与，让他们发挥其特长。不能只在自己民族的同学中间交往，而冷落了其他民族的同学，更不可看不起或者冷嘲热讽、以至伤害其他民族同学的自尊心。

二、尊重民族习惯

我国少数民族数量较多，不同民族有着不同的民族习惯和风俗。就节日来说，藏族有藏历年，傣族有泼水节，回族有古尔邦节。在饮食服饰、生活习惯方面也有不少差异。在各民族成员的性格脾气方面必然存在着差别。因此，与不同民族的同学交往时，要注意尊重其他民族的风俗习惯，不要强求一律，更不要对其他民族风俗礼仪嘲笑挖苦。在同学所属民族的节日时，要向同学表示诚恳的祝愿。有可能的话，可以开展一个班级活动以示庆祝。

三、互相学习交流

民族不分大小，都各有其长处和特点，因此，同其他民族的同学交往，应主动谦虚地学习不同民族同学的优点长处。当其他民族的同学向自己请教时，应该充满热情、毫无保留地辅导帮助。而绝不应该自以为是，看不起其他民族的同学。只有这样，各民族同学才能更好地互相学习，互相交流，共同提高。

四、互相帮助照顾

不同民族的同学在一起学习和生活，要注意互相帮助和照顾，其他民族的同学在学习上有困难，要主动关心帮助，如成立学习上的互助小组，经常交流学习体会心得等。在生活上，也应尽力照顾，如各民族的同学饮食习惯有所不同，我们应在可能的情况下多关心照料其他民族的同学。有些学习上生活上的具体问题，也可提醒班主任老师多关心帮助，不可不闻不问，视如路人。

总之，只要不同民族的同学都互相尊重、关心和帮助，那么一个班级中不同民族同学的关系就会融洽友好，全体学生就会亲如一家。

怎样与异性同学正常交往？

女生喜欢男性的豁达、主见和力量；男生则喜欢女生的委婉、温柔和细腻。男女之间的正当交往不仅应允许，而且是有益的，异性之间的纯真友谊不仅可能，而且在古往今来也出现过许多动人的事例。大家知道，燕妮与海涅，罗曼·罗兰与索菲娅之间都长久地保持了感人的友谊。至于在普通人，在你、我、他之间发生的平凡而动人的友谊的故事更是不胜枚举。

异性交往的目的是学习异性的长处，有助于少男少女全面健康的发展。只在同性范围内交往，人的心理发展往往会狭隘，远不如既与同性又与异性的多项交往更能丰富人的个性。多项的人际交往，可以使差异较大的个性相互渗透，个性互补，使性格更为豁达开朗，情感体验更为丰富，意志也更为坚强。男女同学在正常关系中互相取长补短，相互学习借鉴，还能消除对异性好奇心和神秘感，培养少男少女健康的性心理。通过与异性的交往，可以帮助男生克服逞能好强、骄傲自满的不良心理；同时也可以帮助女生克服优柔寡断、感情脆弱等性格缺点，克服自卑感，树立自信心，通过相互交往，彼此学习，相互影响，完善自我。

当然我们也必须承认，在学生异性间的接触与交往过程中，虽然双方得到了真挚的友谊和教益，但同时也可能容易遭到一些误解，以致有时不大愉快，这虽然有世俗偏见的一面，但也有我们学生中对异性间的正常交往注意不够的一面。

那么，我们应该怎样与异性同学交往呢？

一、热情友好，诚挚坦率

一般学生非常注意自己在异性同学心目中的形象，极其珍视异性同学的友谊。因此，与异性同学交往时，应热情友好，诚挚坦率。异性同学取得进步和成绩应表示热情的祝贺，遇到困难和挫折应给予友好的劝慰和帮助，即使异性同学有缺点，也要诚恳坦率地指出。既不要冷冰冰地伤害别人的自尊心，也不要虚伪地献殷勤。

二、相互信任，互相尊重

由于男女之间在气质、性格、身体、爱好等方面都有着较大的差异，

因而异性间的交往是非常敏感的。异性同学的交往必须注意尊重对方，保持适度，讲究文明礼貌。不能设想，异性同学的交往能像同性一样勾肩搭背，亲密无间。所以，落落大方，注意适度是异性同学交往的准则。交往中要戒粗野，戒轻浮，戒越轨。当然，过分拘谨，礼貌过多，反而会给人虚假和装腔作势之感，这也是不值得提倡的。

三、把握好尺度

我们既要反对男女之间"授受不亲"的传统观念，又要注意"男女有别"的客观事实。男女同学之间，只要是正当的纯正的友情，完全是可以堂堂正正地往来接触。

四、分清友谊与爱情的界限

因为人总是有感情的。在友谊和爱情之间并没有一条不可逾越的鸿沟。超过一定的限度，兴许你自己也分不清哪是友谊哪是爱情了。

五、注意避嫌

应多在集体活动中交往，若是单独相处时，一定要注意选择好环境和场所，尽量不要在偏僻、昏暗处长谈。如果在房间里单独相处，不要插门或锁门，以免引起他人的猜测或误解。

六、自尊、自重、自制

人际交往的两性道德原则还是必要的。女生在与异性相处时，一定要保持自尊、自爱的美德，既要有女性的荣誉感，又要善于自我保护。作为男性则应更加谨慎，善于克制，这样就不会发生什么意外情况了。

总之，在异性同学的交往中，注意言行谨慎，注意把握分寸，是可以存在真诚的友谊的，真诚的朋友是不分性别的。

异性同学在学习上请求帮助，怎么办？

异性同学请求学习上的帮助，大多是临时性的，如问个问题，帮助解道习题，这极为正常，用不着过于谨慎，热情帮助就是了。但遇到异性同学经常性地向自己请教乃至要求在较长的时间内固定地给予帮助，那就要具体地分析一下具体的原因了。异性同学经常性请你在学习上帮助辅导，一般说来，或是学习上确有困难，所以向你求助；或是对你有好感难以启齿，所以找借口接近你；或许两者兼而有之。因此，当异性同学在学习上求助于自己时，你必须慎重对待，根据不同的情况斟酌处理。大致可以采取以下几种方法：

一、热情诚恳，耐心指导

异性同学在学习上请求帮助，绝大多数是学习上有困难，并出于对你的信任。所以只要自己有能力、有时间，应该给予耐心热情的指导，尽力帮助同学。决不可爱理不理地摆架子，或是冷冰冰地拒人于千里之外，这样会伤害异性同学的自尊心。

二、掌握分寸，注意尺度

学生进入青春期，即使是学习上的辅导帮助，也应该把握分寸，注意尺度，避免一些不必要的感情枝节。例如学习辅导的时间地点，一般选择中午或下午放学后在教室、图书馆等，而不必到家中去，更不必晚上单独来往。否则，即使是正常的学习交往，也往往会被别人风言风语地议论，引来不必要的麻烦。假如一个阶段下来，两人的感情日益加深，那须冷静机智地暂时淡化疏远。

158

三、婉言拒绝

假如异性同学明显是因为对你有好感，借请教为名和你接近；或者异性同学请你帮助，而你的知识能力或精力确实达不到，就要婉言拒绝。拒绝时态度要诚恳坦率，语言要委婉客气。例如用这样的语言："感谢你对我的信任，但实在是抱歉，这方面也是我的薄弱环节，只要请你原谅了。"千万不要傲慢或者冷漠，特别不要伤害异性同学的自尊心。假如自己难以开口，也可请老师或者好友帮助婉言拒绝。

需要指出的是，当你在学习上帮助异性同学时，班里可能会有一些同学风言风语，遇到这种情况不要畏惧。要相信，身正不怕影子斜，只要你光明坦诚，那些风言风语最终都会消失的。

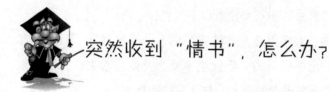

突然收到"情书"，怎么办？

不少学生朋友可能都收到过异性的情书。那么，应该怎样正确地处理呢？

首先，要认识到异性同学向自己"求爱"并不是件很不光彩的事情。德国作家歌德在他的名著《少年维特之烦恼》中写道："哪个少年男子不善钟情，哪个妙龄少女不善怀春。"中学生正处于青春发育期，对异性感到好奇，甚至被异性吸引都是属于很正常的现象。有个别同学倾慕异性同学的仪表、风度和学识，就可能做出"求爱"的举动，这虽然是件与中学生的身份不相符的行为，但也不能因此就认为他们思想"肮脏"、"心术不正"。自己也不应为此感到紧张和害怕。

其次，要坚决、果断地拒绝所谓的"爱"。中学生的生理和心理都尚未成熟，世界观、人生观正在形成。中学时代对自己未来的事业和前途

起着关键性的作用，是学习文化、掌握知识的大好时光。如果这时不能很好地把握自己的情感，将会误入歧途，饮恨终生。因此，收到异性的"情书"，即使对方再优秀，都不能考虑接受他（她）所谓的"爱"，更不能认为谈恋爱很新鲜，便真的去尝试。

拒绝这种"求爱"的方式有两种：一是"冷处理"，也就是对此不作任何反应，就好像这件事没有发生一样，时间一长，对方一般会逐渐冷静下来的，并认识到自己的行为是不妥当的；二是直接写一封信回绝对方，要注意信的语言不能尖刻，以免伤害他（她）的自尊心，但自己的态度一定要明确、清楚，让对方一看就知道不能再存有什么幻想了。

一般来讲，不应该将他人的"情书"交给老师或家长，更不能公之于众，要为其保密。郑重的求爱是一种纯洁和神圣的感情表露，自己虽然不能接受，但仍应该尊重这份感情。

再次，在拒绝"求爱"中还要注意以下两点：

1. 不要沾沾自喜，自鸣得意。自己成了别人的追求目标，证明了自己在某些方面具有一定的吸引力。但你绝不要为此得意起来，否则，你就很有可能会主动迎合要求者的要求，与其一拍即合。

2. 拒绝对方的追求时，不要有意讽刺、挖苦对方，使对方难堪至极，同时也要干脆利索，不要暧昧不清，吞吞吐吐，使对方产生误解，抱有一线希望。另外也应注意不要将此事搞得满城风雨，人人皆知，造成不良影响。如果对方不听劝告，继续纠缠，你可以将这一问题上报给班主任老师，剩下的一切由老师去处理。

当然，也可能有极少数不求上进的同学在达不到自己的目的时，会对你无理纠缠、威胁，甚至故意损害你个人的名誉。对于这样的"求爱者"，一定要勇敢地给予还击，应该向老师和家长汇报，请求他们帮助自己压倒对方的嚣张气焰。

解决学生社会交往中经常遇到的问题

怎样送同学生日礼物？

生日，对每个人来说都有着其特殊的意义，当生日蜡烛点燃的时候，意味着生命历程中又有了一个新的起点。因此，人们也就格外地珍视自己的生日。同学过生日，作为同学，想赠送礼物以示祝贺，也是必要的。但是很多同学一到这个时候就不知道送点什么礼物好，送的不合适了，怕同学不喜欢。那么到底送什么样的礼物好呢？

首先，应精心挑选生日礼物。既然要送生日礼物，就应该送得有意义、有价值，送得使同学称心。切忌随意乱买一些东西作为礼物。要想把礼物送好，前提是必须对同学的喜好有所了解。假如同学喜欢画画，不妨送些颜料、画笔、画册；假如同学喜欢音乐，不妨送些 CD、歌本、MP3 等；假如同学喜欢书法，不如送些名家大师的临摹帖；假如同学喜欢工艺品，不妨送些与生肖有关的精巧的饰物……总之，应该根据同学的爱好、性格，立足于同学之情，为同学精心挑选一种精美的生日礼物，最好是美观而又实用的。

其次，不能以价钱的贵贱来衡量礼物的好坏。在选择礼物的时候，应量力而行，不能大手大脚的乱花钱，与人攀比礼物的价格。俗语说，礼轻情意重。只要真心实意，把祝福带给同学，同学是不会在乎礼物价格的贵贱的。学生是消费者，应养成勤俭节约的好习惯，切不可因礼物价格的便宜而唾弃它，只要它精美，能代表你的心意，就是一件最好的生日礼物。

再次，可以想办法自己动手制作一件生日礼物。假如你能自己动手做一个生日礼物送给同学，那意义又是非同一般了。精心选择一些材料，发挥自己的聪明才智，构思一个精巧的生日礼物，岂不美哉！同学也一

社会交往之同学篇

定会因得到你亲手做的生日礼物而感到由衷的高兴。那样，你又为生日宴会增加了一份喜悦。不妨做个贺卡，买张厚而硬纸，在封面上画出七彩的花边，象征着同学多彩的生活；设计一些具有浓郁节日气息的图案，代表着恭贺同学的生日；里面用多彩的画笔写上自己的贺词，再画上同学的肖像，象征你和同学间的友情地久天长。把这张贺卡送给同学，意义就非同一般。当然也可以亲自做个花结、背包、袜子等，既方便又实惠，既送了一份真诚的贺礼，更博得了同学的称许，何乐而不为呢？

最后，在送礼物的方式上也可以做文章。是给同学一个惊喜，还是给同学一种浪漫，都会给所送的礼物增加不同的光彩。具体要怎么做，要看过生日同学的具体情况。只要你平时注意这位同学的爱好和品性，稍微动动脑筋就可以让礼物送得有个性、有特点，博取同学的喜欢。

怎样对待求情徇私的事？

社会中的人际关系犹如一张巨大的网，纵横交错，盘根错节。怎样处理好这些关系，既不失礼，又不失节，这是放在我们每个少年朋友面前的一道难题。当你发现同学考试作弊，是秉公告发，还是徇私包庇？当你看到好友损公利己，你是积极劝阻，还是视而不见？做人要做正直的人，我们决不能不讲原则，只讲私情，更不能纵容、包庇坏人坏事。

东汉时期，有个大臣叫苏章，被朝廷派到河北一带去巡视。苏章有个同窗好友在山东省清河郡当太守。苏章一到清河郡，收到了许多状纸，告发太守贪赃枉法，鱼肉百姓。苏章见状纸后十分气愤，但又想到太守是同窗好友，数年不见，一来就查处案件是否会影响友情。他决定，不妨先叙旧，后办案，于是就设宴请太守。太守听说巡视大人原来是同窗好友苏章，一来就设宴相邀，本来紧张的心情也就松弛了下来。但又想到苏章自幼耿直、正派，不知他官场混了这么多年，会不会变？太守心怀鬼胎地去赴宴了。当他递上红帖，苏章出厅相迎，老同学相见格外亲热。酒席上，苏章对老同学又斟酒，又夹菜。太守见此情景，趁机暗示说："小弟在此清河郡三年有余，得罪了不少父老兄弟，还望大人看在同学的情份上，遇事高抬贵手。如发现小弟有什么过错，还请大人多多包涵，小弟绝不会忘恩负义，若大人有兴，明日请到寒舍喝杯水酒……"苏章听出太守话中有话，断定他心中有鬼，脸色顿时严肃起来，说："公是公，私是私，公事公办，怎能跟旧友私情混为一谈？"苏章双目注视着太守，又继续说："如果你真的犯了法，一定从实交代，我苏章决不徇私情，必定依法办事。"太守吓得脸色青白，一下瘫倒在地。不久，苏章核实了朋友的罪证，上报朝廷。

　　苏章不受同学旧情影响，不为私情所动，秉公办事的做法值得赞扬。少年朋友，你能正确处理好同学、朋友中发生的错事、坏事吗？你能坚持真理，不为求情徇私者开绿灯吗？你要做到有人求情不徇私，首先要对求情的人说清楚什么事情好办，什么事情不好办。违反组织纪律的事情坚决不办，触犯法纪的事情更不能办。要不讲情面，讲原则。其次，我们讲的人情是建立在正直、诚实、信任的基础上的，讲情不能亏"理"。情理、情理，情是以"理"为基础的。所以凡私情触犯了"理"，我们就要向求情者陈述道理，争取求情者理解你。大多数人是通情达理的，个别的以旧情纠缠不休，你就应推心置腹地规劝他，直至上报老师或有关部门。

同学之中缺乏知心者，怎么办？

　　有一支流行歌曲是这样唱的："一个篱笆三个桩，一个好汉三个帮。"

看来，每个人都少不了朋友。尤其是学生阶段，能够有三两个知心的同学，交流思想，沟通感情，讨论学习，互相促进，生活将会变得更充实、更丰富。

但是，我们有些同学却有着自己的苦恼。因为他们在同学中缺乏知心者，有欢乐无人分享，有忧愁无人倾听。遇到这种情况该怎么办呢？

缺乏知心同学的同学不要焦虑不安，而要认真分析一下其中的原因。从主观上讲，缺乏知心同学或是因为自己骄傲自大，看不起其他同学，或是因为个性孤僻自卑，在交往中不够主动热情。从客观上讲，或是因为刚到一个新环境，同学之间缺乏了解熟悉的过程，或是同学之中缺乏志趣爱好相同的人。当然，还有其他一些原因。这些同学只有通过认真分析之后，才能有的放矢，采取恰当的措施，找到自己的知心人。

一般来说，针对自己主观方面的原因，可以采取以下措施：

一、主动关心、交往

知心同学不是从天上掉下来的，只有主动关心、交往，才能找到知心同学。因此，要有主动意识，与同学见面时要主动打招呼，同学有活动时主动参加，自己有观点有想法主动与同学交流。特别是同学有了困难，更应主动去关心，去安慰，去帮助。这样，别的同学就会感激你、接近你，愿意和你交往，逐渐成为知心同学。

二、以诚相待

同学有了进步和成绩，要诚挚地祝贺；同学有了缺点要坦率地指出；同学之间有了误解、矛盾，应该诚恳地做自我批评；帮了同学的忙也不要挂在嘴上。这样，在同学中展示出了真诚，自然就能得到同学的知心交心。当然，虚伪的人或许也会得到别人一时的信任和短暂的友谊，但很快就会被人看破，得不到真正的知心者。

三、讲求交往技巧

现代社会的交往必须讲求交往技巧。例如，见面要主动打招呼，别的同学帮了你的忙要表示感谢，找同学谈话要注意时机场合，所谈的话题要注意选择共同感兴趣的。节日或同学生日要主动祝贺或送一些小礼物。这样，同学间关系就会越来越亲密，感情就会越来越深。

必须指出的是，结交知心同学还要有一定的客观条件，有一个相互了解、熟悉、信任的过程。所以，既要主动寻求，又要耐心等待，而不要不顾原则地去逢迎讨好别人，低三下四地去换得别人的喜欢，更不要用钱物去换取别人的友谊。否则，不仅容易被别人利用，而且不能结交真正知心的同学。

 邻座同学影响我学习，怎么办？

邻座同学常影响自己的学习，是请老师调换座位呢，还是和他针锋相对地"斗争"？还是任其自然？很明显，调换座位，他又会去影响其他人；针锋相对，则会加深矛盾；任其自然，乃是消极处事。这些都不是上策。而最好的办法，是改善和邻座同学的关系，化除他在学习上对自己的不利影响。

有位同学的方法很值得借鉴。例如：上课时，邻座同学要跟他顽皮，一般情况下，他都不予理会，仍然专心致志地听课，邻座同学自讨没趣，往往就有所收敛；如果邻座同学嫉妒他，或因其他原因寻衅闹事，他也不轻易请老师解决，而是依靠自己的坚定和真诚来感化对方；邻座同学要借用什么学习工具，或需要解决学习上的疑难问题，他都不记前嫌，尽力而为；邻座同学不拘小节也好，不讲卫生也好，有什么不好的习惯

165

也好，他都不过多计较，尊重他的人格，用启发的方式帮助他。这样，这位同学不但没有"近墨者黑"，反而让邻座同学"近朱者赤"了。

这位同学成功地处理了与邻座同学的关系，化除了邻座同学对他学习的不利影响，总结起来不外乎坚持了以下原则：

一、不激化矛盾

要搞好和邻座同学的关系，首先是稳定现有的关系，再图进一步改善关系，故不激化矛盾是解决矛盾的第一步。这位同学对邻座同学的干扰，一般是"不予理会"，这看来有些消极，实际上是防止矛盾激化的最好方法，同桌同学朝夕相处，如果整天矛盾重重，紧张兮兮，或是针锋相对，那么双方还有什么心思来学习呢?

二、尊重对方

邻座同学间的矛盾，常常是为了小事互不尊重而引起的。这位同学对邻座同学的一些生活小节不加计较，尊重对方人格，用启发的方式帮助对方，这样，通过感情的接近而相互理解，从而达到化除矛盾的目的。

三、真诚待人

这位同学能不计前嫌地热情帮助邻座同学，表现了对邻座同学的真诚，这样，双方之间的感情沟通了，一些问题也就迎刃而解了。

四、要耐心、坚定

要相信自己能处理好与邻座同学的关系。有时，自己付出了尊重和真诚，但仍不能打动邻座的心，他仍在干扰自己的学习，这就需要耐心和坚定了。邻座同学间的理解是需要时间的，而只有耐心才能提供足够的时间。至于坚定的态度，才能折服邻座同学那不规矩的心。其实，影响是相互的，邻座同学既然要从不好的方面影响自己，难道自己就不可

解决学生社会交往中经常遇到的问题

166

以从好的方面影响他吗？耐心和坚定，最终便能使自己在相互的关系中处于主动地位。

根据唯物辩证法，外因是变化的条件，内因是变化的依据，故邻座同学的影响，并非绝对的，关键还在于自己怎样处理对待。

碰到固执己见的同学，怎么办？

在我们日常生活中，经常能看到有的同学脾气倔强，意气用事，固执己见。你说这事不能这样做，他不但不听劝说，偏反其道而行之。面对这样的僵局，怎么办？

荷兰物理学家诺贝尔奖金获得者彼德·塞曼，小时候就是一个贪玩、任性、倔强的孩子。他由于不思学业，成绩下降，物理成绩更差。到了中学几乎成了个浪荡公子。塞曼的母亲伤心欲绝。同学好心相劝，他当耳边风，老师苦口婆心地教育，他产生逆反心理，越劝越捣蛋。

妈妈不忍心儿子浪费青春。那是一个风雨交加的夜晚，塞曼的妈妈触景生情地对塞曼讲述了有关家乡的往事：你的家乡位于西海岸的一个半岛上，自古以来几经大海吞没……那是 1860 年 5 月 24 日的午夜，家乡又遭大海淹没，一个孕妇坐在漂浮的孤舟上逃命，不料临产，生下了一个男孩，幸亏乡亲们赶来救助，母子二人才得以平安无事。接着，塞曼母亲悲哀地说："早知当初这男孩如此平庸，我又何苦在海涛中拼搏求生……"

塞曼听母亲讲到这里，省悟到母亲含辛茹苦将自己哺育成人，而自己……他羞愧，无地自容。从此他发愤学习，判若两人。以后，他在事业上有了很大成就，发现了"光谱分裂现象"，终于在 1902 年获得了诺贝尔物理学奖。

塞曼浪荡、固执、不思上进，同学、老师对他帮助无济于事。而他母亲以伟大的母爱，点燃了他恻隐之心，唤起了他的新生。

学生朋友们，当你碰上固执已见的人怎么办？你可以以塞曼的母亲为榜样，用真诚的言谈改变别人的看法，用真诚的行动征服别人的心灵。

遭到同学嫉妒，怎么办？

嫉妒是人性的弱点之一，嫉妒是一种比较复杂的心理，包括焦虑、恐惧、悲哀、猜疑、羞耻、自咎、消沉、憎恶、敌意、怨恨、报复等不愉快的情绪。别人天生的身材、容貌和逐日显出来的聪明才智，都可以成为嫉妒的对象；其他如荣誉、地位、成就、财产、威望等有关社会评价的各种因素，也都容易成为他们嫉妒的对象。

在现实生活中，经常发现不少学生因学习和工作取得成绩而遭到别人的嫉妒。你发奋学习，有人就说是"图名利"；你努力工作，有人就说"假积极"……诸如此类的冷嘲热讽，弄得有些想上进的学生烦闷苦恼，无所适从。在社会风气还没有根本好转的今天，出现一些嫉言妒语是不足为奇的。那么，学有成效、成绩出色的同学，在遭到别人嫉妒时该怎么办呢？

第一，无须害怕，相信自己

常言道："身正不怕影子斜，脚正不怕鞋子歪。"相信自己的所作所为是光明正大的，成绩是通过自己的刻苦努力得来的，就不会被别人的嫉妒所吓倒。其实嫉妒这东西，也是欺软怕硬的，你越怕它，越是忧心忡忡，不敢迈步，流言蜚语对你的围攻便越凶。鲁迅先生曾经讲过，对待嫉妒、挖苦、陷害，"最高的轻蔑是无言，而且连眼珠也不转过去"。

马克思也说过："对乎我从来就不让步的所谓舆论的偏见，我仍然遵守伟大的佛罗伦萨诗人的格言：走你的路，让人们去说罢！"我们应该学习这种精神，把别人的嫉妒之情置之度外。

第二，反躬自问

对于别人的嫉妒，一是不怕，二是要善于从冷嘲热讽中发现和汲取对自己有用的东西。在被人嫉妒的时候，不妨冷静分析一下，这些风言风语是怎么引起的，说得对还是不对。有些逆耳的挖苦，常常说到了自己的痛处，有时比和颜悦色的批评更一针见血，击中要害，即使是完全无根据的风言风语，也不妨引以为戒。如有人说是"假积极"，那就将"切莫假积极"作为自勉，更加努力学习；又如有人说是"图表扬"，那就以此作为鞭策，埋头苦干不图利，多做好事不扬名。

第三，依靠老师，做好嫉妒者的工作

作为被嫉妒者，自己不要直接出面，可以向老师反映，同时，积极配合老师，对好嫉妒者做好说服、解释工作。要相信，随着精神文明建设的深入开展，嫉妒之风是一定会越来越小的。

总之，面对别人的嫉妒不能害怕，更不用担忧，只要自己问心无愧，刻苦努力。那些嫉妒你的人嫉妒你也正是看到了自己的劣势和缺点，相信他们在嫉妒之后会反思自己。从另一方面来说，别人的嫉妒也对你自身能力的提高起到了促进作用，在这过程中你不要骄傲，要学会帮助他们，搞好精诚团结，不要脱离他们，你的学业会更上一层楼。

 ## 开玩笑惹怒同学，怎么办？

同学之间，朝夕相处，彼此少年心情，难免相互逗趣，开开玩笑，

这本是正常现象，可有时没掌握好"度"，过了火，对方因而恼怒，遇到这种情况，切莫与之"顶牛"，这时最易翻脸，伤感情，因为毕竟是你对人家开玩笑且"开过了头"引起的。

一般来说，开玩笑本身并非坏事，从心理学的角度分析，开玩笑表现了一个人的含蓄、诙谐、幽默的性格特征。人们之间开玩笑可以帮助心理的沟通，增进心理认同，达到了解别人，表现自己的作用。因此，适度地开玩笑，不仅有益自己适应社会生活，也有益于被开玩笑的人适应环境；适度的玩笑有时还能消除隔阂，避免人际关系的紧张，协调人们之间的关系。但是，玩笑开过了头，效果往往适得其反。

开玩笑首先要出于善意，目的是为了增进友谊，调节气氛，或为了帮助他人摆脱窘境等，绝不能乘开玩笑之机打击他人。其次，开玩笑要体现相互尊重。例如有人给别人起带有侮辱性的绰号，这就失去了对他人的尊重。我们每个人难免有某种"痛处"或"短处"，如某些缺点、隐私、缺陷、不幸等。这些往往影响一个人的自尊心，有损一个人的尊严。还会波及一些相类似或近似的问题，这就在人们心里形成了一个所谓"心理的敏感区"。有的人开玩笑时专门嘲弄他人，甚至对人"揭短"，这是极为低劣的，极易引别人的反感，甚至惹出大祸。

所以，过了头的玩笑，会由于每个人的个性不同，反应的方式也各不一样。有的会很激烈，使矛盾激化，伤害彼此感情，产生对立情绪和不易消除的隔阂；有的人性格内向，恼羞成怒却又不愿流露，会因此耿耿于怀甚至走上绝路。

综合以上所述，当要开玩笑时，你还应该注意以下几点：

一、要根据说话的对象来确定

人的性格各不相同，有的活泼开朗，有的大度豁达，有的则谨小慎微。对于不同性格的人，开玩笑就要因人而异。对于性格开朗、宽容大度的人，稍多一点玩笑，往往可使气氛活跃；对于谨慎小心的人，则应少开玩笑；对于女性，开玩笑要适度；对于老年人，开玩笑时应更多地注意给予对方尊重。总之，开玩笑要以不伤害对方的自尊心和让对方感到轻松、愉快为准。

二、要根据说话对象的情绪来确定

同一个人，在不同的情况下会有不同的心境和情绪。当说话对象情绪比较低落时需要安慰和帮助，这时不要和对方开玩笑，弄不好对方会认为你是幸灾乐祸。开玩笑要选择在大家心情都比较舒畅时，或是在对方因小事而不高兴，并能通过笑话把对方的情绪扭转过来时为好。

三、要按说话时的场合、环境来确定

开玩笑要讲场合、环境，当别人正在专心致志地学习和工作时，开玩笑会影响别人；在庄重的集会或重大的社会活动场合，开玩笑会冲淡庄重的气氛；在一些悲哀的环境中，如更不宜开玩笑，这样会引起人们的误解。此外，在大庭广众之前，也应尽量不要打趣逗笑。

四、要注意内容健康、情调高雅

切忌拿别人的生理缺陷开玩笑，把自己的快乐建立在别人的痛苦之上。同时，还要忌开庸俗无聊、低级下流的玩笑。开玩笑的内容应带有思想性、知识性和趣味性，使大家在开玩笑中学到知识，受到教育，陶冶情操，从中收到积极的效果。

还要记住的是，一旦开玩笑过了头，引起别人恼怒，自己首先要主动做自我批评，向别人赔礼道歉，尽量争取别人的谅解，如被开玩笑人不肯谅解，提出在某种适当场合道歉，应满足这种要求，切不可因顾及自己颜面将错就错。要记住：错处在自己，纠正也在自己。

爱喊同学绰号，怎么办？

　　我们有些同学与人相处，不爱喊人名字，专爱根据别人长相与性格，喊别人绰号。那些难听的、甚至带有恶意的绰号，常使被喊的人十分尴尬，翻脸又不好，心里不是滋味。我们讲百人百性，千人千面。性格是十几年或几十年形成的，长相是爹妈给的。有很多人已为自己的长相和性格苦恼不堪，可有人就去爱挑别人毛病给人起绰号。殊不知这样做既伤害了对方，又显示了自己低级趣味。何必做这种损人又不利己的事情呢？

　　那么，如何改掉这个毛病呢？

一、要尊重同学，富于同情心

　　同学之间，是姐妹兄弟，我们应该彼此之间互相尊重，互相爱护。同学长相有缺陷，已经很痛苦，我们就应该避免讲刺伤他的话；要设身处地为他人着想，把别人的痛苦，看成是自己的痛苦；要用语言去宽慰别人。如果这一切都成为你与同学相处的准则，你就再也不会喊别人的绰号。

二、站在对方的立场想一想

　　不要看到别人胖一点，就喊别人"猪"，看到别人瘦一点就喊别人"猴"。假如你长得胖一点，别人喊你"猪"，你是作何感想？你也会有缺陷，长相有，性格上也会有，人无完人。"己所不欲，勿施于人。"不要把自己的"快乐"建立在别人的痛苦之上，因为别人同样可以把"快乐"建立在你的痛苦之上。

三、要培养自己的高雅情趣，摒弃一些庸俗的东西

人的情趣是与道德、理想、艺术等密切联系的。情趣有高雅、低俗之分。庸俗情趣是平庸鄙俗、不高尚的情趣，它会使人经受不住不良诱惑，贪图安逸享乐，不思进取，精神颓废，不利于身心健康，并且有可能走向犯罪；高雅情趣则能使人追求健康文明的生活方式，能使人修身养性，经常保持一种良好的心境，有益于身心健康。作为一个有高雅情趣的人，是决不会庸俗地喊别人绰号的。

总之，尽管绰号并非都具有侮辱性，但故意给人取不雅的绰号，不分场合随意喊别人的绰号，其实质是取笑别人，是一种不尊重人的表现，侵犯了别人的人格尊严。起绰号不仅反映了一个人的生活情趣，也反映了一个人的文化修养、心理素质和伦理道德等问题。因此，我们必须坚决改掉这个坏习惯。

 ## 学生干部之间怎样搞好合作？

在学校生活中，常常会出现这样的情况，一些学生干部独立承担某项任务时，挥洒自如，结果圆满；但遇到几个人共同承担某项工作时，却感觉难以配合，不尽人意，甚至出现相互争执、不欢而散的局面。这些，反映了学生干部相互之间搞好合作的重要性。

那么，学生干部之间如何搞好合作关系呢？

一、统一认识

开展好班级（或学校）工作，是大家共同的奋斗目标，这个目标的实现，必须依靠大家的共同努力。班级（或学校）工作犹如一个庞大的

机器，这部机器是由众多的齿轮和螺丝钉组成，只有各个部件相互配合，这部机器才能正常运作。同样的道理，学生干部间相互协作、齐心合力，工作才能顺利开展。

二、正确认识对待自己的成绩

学生干部一般都是班级中比较出类拔萃的同学。他们的优点相对来说都比较多，各自在同学和老师心目中的形象也都比较好。但学生干部切不可以此为满足。要正确对待自己的成绩和过去。要想到过去成绩的取得有自己的努力，更有老师、家长的教导培育和同学的帮助。要牢记"满招损，谦受益"这句至理名言。同时还应自觉寻找自己的不足，因为纵使一个人的成绩再大，他也难免存在错误和不足。成绩不提跑不掉，但是缺点找不到会留下隐患，甚至扩展，会阻碍自己的进步。

三、尊重别人的意见

某些学生干部之间会闹别扭的原因之一，是意见不合。他们总认为自己是对的，别人的见解不如自己。中国有句古话叫"山外有山，人外有人"。用这个观点来看待他人就会觉得他人有许多胜过自己的地方，从他人身上可以学到自己需要许多东西。在研究工作和处理问题的时候，注意尊重别人的意见，听清别人的想法，勇于承认别人的长处之后再补充自己的见解，这样就不会产生不愉快的情形，还会因为深思熟虑，谨慎出语而受到别人的钦佩。

四、遇事要主动与他人商量

在产生意见分歧的时候，注意以集体利益为重，求大同，存小异；遇到难题，自己无法解决，可以寻求老师和同学的指导和帮助；遇到表现机会或荣誉，先考虑他人，不要和别人争功，要具有甘当基石的牺牲精神。除此之外，还要做到少讲空话，多干实事，注重多为集体作贡献。

总之，要增强多方面的修养，要学会处理协调好多种关系，尊重他人。这样就能搞好学生干部之间的合作。

班干部怎样与普通同学交往？

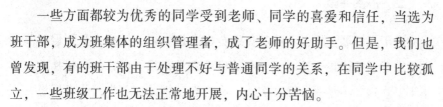

一些方面都较为优秀的同学受到老师、同学的喜爱和信任，当选为班干部，成为班集体的组织管理者，成了老师的好助手。但是，我们也曾发现，有的班干部由于处理不好与普通同学的关系，在同学中比较孤立，一些班级工作也无法正常地开展，内心十分苦恼。

作为班委首先需要给自己一个合理的角色定位。是管理者、监督者，还是协调者与服务者？从老师这方面看，他希望班委能帮助做好学生自我管理的组织工作；从同学这方面看，他们希望班委能更好地为自己服务而不是老师的代言人，来管着自己。因此班委的作用是组织、维系同学们和谐的关系，在此基础上，组织大家共同参与班级事务。那么在处理事情时，就不能简单地模仿老师的方式方法。在班级事务中，多听听同学们的意见。他们和你一样作为班级的一份子，会关心集体的事。班委需要耐心地听他们的议论，尊重合理的想法，避免在细节问题上与同学做争论。有意见分歧可以暂时搁置起来，或者在适当的时候作必要的解释和说明。班委的工作确实是需要一些处理问题的技巧的，你可以和班上其他班委聊一聊，互相交流一下，相互学习，相互支持。

而且，班干部与普通同学交往要特别注意以下三点：

一、平等待人

班干部是大家推选出来为班集体、为同学服务的，不能自视高人一等，而应与同学平等相待。这样，不但可以赢得大家的好感，而且还会

使那些对自己有嫉妒心的同学在不知不觉中消除成见。在和普通同学交往时，如果总是有意无意地突出自己班干部的身份，往往造成对普通同学不尊重的客观后果，从而引起同学的反感。班干部的平等待人还表现在时时处处地以诚待人，当普通同学，特别是那些一时后进的同学在学习、生活中遇到困难时，主动、热情、诚恳地去关心和帮助他们，则更能赢得同学们的信赖和友情。

二、心胸开阔

班干部开展工作，不可避免地会在工作中碰到挫折，受到误解和同学们在背后的议论。这时候，有的班干部觉得很委屈，甚至想从此甩手不干了。这并不是一个好办法。正确的态度则是：首先，认真反思一下自己在工作态度和方式方法上是否还有让普通同学不能理解或者不能接受的地方，或是了解问题不全面，处理过程中有不妥的地方，这第一步自省可以冷静自己的情绪。其次，如果确实是因为同学有所误会，那么就主动向大家说明情况，或者请老师帮助说明，以尽快消除误会；如果确实是自己工作有所不当，那就坦率承认并尽快认真纠正，从而取得大家的谅解。要以自己宽阔的心胸面对挫折，并善于以己之宽，容忍之过。

三、取长补短

班干部有不少出色之处，但还是要向普通同学学习。不少普通同学都有自己的特长，班干部要能看到他们的长处，取人之长，补己之短。对于普通同学的缺点，班干部则应该处之以善，委婉指出，热情帮助，以求共同进步。

建议班干部陷入这困扰中心里难受时，不断提醒自己：对别人多一点信任和宽容，没有人会整天与你过不去。听听别人的意见，积极地理解他人的想法对自己是有帮助的。用善意、尊重和信任对待别人，相信他们也会这样对待你。

解决学生社会交往中经常遇到的问题

社会交往之陌生人篇

 ## 社交范围狭小，怎么办？

　　社交，顾名思义是指人们的社会交往活动。学生朋友走上社会以后，都会面临一个如何走出旧时的生活天地，建立新的社会交往关系的问题。虽然，学生都有参与社交活动的强烈需求，但不少人不能适应这种社会联系突然扩大的变化，苦于不善于与人交往，以至缺少必要的社会联系。有的性格比较内向的学生，在大庭广众之下，往往沉默无语，碰到异性更是手足无措、心慌意乱。这种现象，心理学上称之为"社交恐怖症"。

　　要消除这种内怯的"社交恐怖症"，就要从树立自信心入手，全面而客观地评价自己，不要因为自己羞怯的心理特性就怀疑自己的全部能力。要经常自己鼓励自己，别人能做到的，我也能做到，及时去除心理上的压力。同时，应当善于正确地与人进行比较，不要一发现自己不如别人就消极气馁，而应通过比较来调节自己的不足之处，尽可能发挥自己的长处。当一个人发现了自己潜在的才能后，就会增加"自信度"。此外，还要积极参加各种集体活动，尽可能与同学经常交流情感，逐步尝试主动接触陌生人。只要敢于冲破人际交往中的心理屏障，你的社交能力一定能增强。

做生意要有资本，参加社交活动同样也需要资本。不过"社交资本"不是金钱和资产，而是知识、技艺、风度、素养等无形的精神资产。古人说："物以类聚，人以群分。"不同的社会交际群体却有一个共同的特点——共同的兴趣。可以说，共同的兴趣是一种巨大的吸引力，把人们吸引到社会群体这种非正式组织中来。共同的兴趣，也是一种内在的凝聚力，代替了严格的纪律，维系着社交群体的存在。然而，共同的兴趣是建立在对某种专门技艺、某门学科、某项事业无比热爱的基础之上。坦率地说，一个学无所长，只会炫耀自己门第、财富的青年，在现代社会是很难扩大社交范围的。

参加社交活动，就要注意社交风格。所谓社交风格，是指一个人的衣着装扮，言谈举止。社交应注意"十戒"，即第一，不要板面孔。有句老话讲："你的笑容就是你的财产。"笑容使人愉快，怒颜叫人厌恶。第二，不要失风度。不要恣情谈笑，举止轻浮。应该活跃而不失风度，沉静而不麻木。第三，不要自视清高。既不能过分谦卑，也不应把眼睛生在额头上。第四，不要固执己见。当别人与自己意见不合时，切忌气愤填膺，旁征博引加以批驳。第五，不要揭人之短。不能用别人的生理缺陷来取乐逗笑。第六，不要卖弄聪明，否则会刺激别人，产生不快甚至冲突。第七，不要玩弄奸诈。必须以诚相待，友爱相处。第八，不要轻率从事。不问对方为人如何而一见倾心，拉住便谈，谈则无所不及，这样的做法极为有害。第九，不要忽视仪表。要注重仪表的端庄整洁。第十，不要顾此失彼。不要造成"被遗忘的角落"，使别人产生寂寞和不快。

不会了解别人，怎么办？

在社交场中，要博得人们的好感，总应该符合对方的口味才是。如果不了解对方的性格、脾气、嗜好，是不可能达到这一目的的。而只有把对方的情况基本上了解清楚，与之交往，方能使自己在各种场合成为大受欢迎的人。

那么，通过什么样的方法才能获得这一手"本领"呢？

一、了解对方

罗斯福总统是一位交际能手。他还没有当选总统时，在一次酒宴上见到许多不相识的人，而这些不相识的人并没有向罗斯福表示友好。于是，罗斯福有意提了一个简单的问题向那些不相识的人请教，他们便成了熟人。一天，一位叫陆思瓦特的博士坐在罗斯福的旁边，罗斯福机巧而轻轻地同他说："陆思瓦特先生，请你把坐在我对面的那些客人向我介绍一下。"于是陆思瓦特非常高兴地把每个人的性情、特点大略地介绍了一番。对此，美国著名新闻记者马考逊也说过，每个进来谒见罗斯福的人，在接见前，关于这个人的一切情形，他早就打听好了。

然而，对于那些偶然遇上的陌生人和找上门来的不速之客，只能在直接接触、观察中获得了解。可有意无意地提一些问题，或找些无关紧要的话题进行交谈。这样，便可大体上了解对方的谈吐及其兴趣。还可采用心理学和"相命学"的方法打量对方的外表特征，观察对方的心理状态。一般地说，人的言行、打扮、气度、风格基本上反映了其人的精神状态和性格脾气。一个浓眉大眼、魁伟彪形、粗声大气的人，其性情多是粗犷的；一个不修边幅、不拘小节、言谈风趣而爽朗的人多是较浪漫的；一个木讷寡言、拘泥谨微和左思右想的人，其性格往往是内向的……凡此种种，都可以作为认识人的一种参考和依据。

二、建立"一本账"

这不仅是"一本账"，而应是一本巨型的"人际花名册"。就是说，为了适应交际的需要，在大脑里应该熟记第一类交际对象较详尽的情况，如年龄、职业、爱好、性情等等。

至于第二类，也就是一般的交际对象，也应了解和记住其最基本的情况。只有到了这种程度，才能在交往中应付自如。

只有掌握了这样的本领，交际的对方才能对自己产生浓厚的兴趣，在交往时皆大欢喜！

见了陌生人害羞，怎么办？

你可能过于胆小怯懦，所以当陌生人打量你的时候，你会满脸绯红、耳根发热。也许你过于谨慎，与别人交谈时话未出口，先已顾虑重重，担心这样讲好不好，那样讲妥当不妥当，以至心慌意乱、手足无措。也许你过于注意自己，总感到别人在注视着你，议论你，所以在陌生的场合，总显得很不自在。

要克服这种心理，首先，你要设法增强自信心。要相信，你在别人心目中的印象，并不像你所想象的那么不好。你要学会径直地迎着陌生人走上去，好像是他欠了你的情，而不是你欠他。你不要躲避陌生人的目光，要训练自己盯住对方的鼻子，让别人感到是你在打量他，正视他的眼睛，而你很自信。

其次，你得设法把自己的注意力转移到别人身上，看看陌生人是不是也有同样的心理，而不要只想着自己，也许别人根本就没有注意到你。

重要的是，你要多多争取锻炼自己胆量的机会。开始时你可以先在熟人范围里多讲话，多发表自己的意见，在他们面前大声地朗读诗歌、散文，以后再逐步扩大范围，增加难度。要知道，一个在陌生人面前非常怕羞的少女，当她在陌生场合大声地讲出第一句勇敢的话之后，随之而来的话语将可能变得如同小溪一般淙淙流淌，绵绵不断。

有些小记者开始大多胆怯拘谨，在陌生人面前不善言谈。可是他们肯锻炼，除了经常采访少年朋友以外，还去采访著名的作家、科学家以及市长，甚至召开中外记者招待会。经过一些大场面的锻炼，他们个个都变得老练起来。设法与一些长者，甚至与名人交谈，不仅能增长知识，而且也能锻炼自己的胆量，突破羞怯的心理障碍。

另外，你还可以经常做一些松弛训练，以增强神经系统的功能。比如多参加文体活动，常练习腹部呼吸，并且保持良好的作息制度，可以想象自己处于不同的社交环境中，同时以较慢的速率讲话，深呼吸保持镇静。另外，还可以逐渐扩大的自己的社交范围。卡尔杜奇说："当你进入一个新的社交环境，没有人知道你是否害羞。在这种时候，你可以放开自我，去与别人交往。"当你那过度敏感的神经系统，得到松弛，成为一名落落大方的学生。

遇到陌生人问路，怎么办？

在日常生活中，遇到陌生人问路时，我们应给予热情的帮助。但是，也有一些人面兽心的坏家伙抓住中小学同学年龄小、体质弱、分辨能力差、心理不成熟的特点，以问路为名伺机进行拐骗、绑架、敲诈，甚至人身伤害等犯罪活动。这样的案例常有发生。

一般来说，遇上陌生人问路时，对那些眼神飘忽不定、不停四下张望的人，对那些目露凶光、满脸杀气的人，对那引起举止粗野、痞子气十足的人，对那些身上有血污、行色可疑的人，我们最好敬而远之，以一句"不知道"作答。当然，有些家伙是"披着人皮的狼"，从表面上很难看出有什么不轨企图，甚至还往往装出一副慈祥的样子向你问路。对于这种人，必须保持高度的警惕，不要轻易上当受骗！

如果你身处车水马龙、人来人往的马路或繁华的大街上，则完全可以就地对陌生的问路人指路，但一定要记住，不要带着他前往人迹稀少的地方，那是犯罪分子下手的最佳场所。倘若他让你上他的车给他指路，千万不要听他的话上车，谁知道他会把车开到什么地方！如果你身在周围无人的地方遇到陌生人问路，一定要跟他保持距离，与陌生人离得远一些，防止他一下子把你抓住控制起来；同时看准道路，一旦此人有不轨动作，马上以最快的速度逃走，并以最大的嗓音高喊救命。

总之，害人之心不可有，防人之心不可无，面对陌生人的时候，保持警惕和防范，总是没错的！

不会和陌生人交谈，怎么办？

每到假期，学生朋友出外旅游的就多起来了。在旅游途中难免要和各种各样的陌生人接触、交谈。尤其在候车、等船或坐车、坐船时，和陌生人交谈的机会就更多了。怎样和陌生人交谈，这实在是一门学问。

和陌生人交谈有很多好处：

一、增加自信

和陌生人交谈可以体现和加强一个人的自信。和正常的陌生人进行一次交谈，可能让我们吸收到新信息，也可能验证我们对人性的一些观念，还可能感受到人与人之间的热情、信任，这些良性的结果必定增强一个人生活的信心。

二、有助于人格发展

和陌生人交谈，还能体现个人独立性，有助于人格发展。大家都明白，和熟人打交道，说话的方式依附于社会关系，服从说话人的身份，很多时候并非是个人独立意志的表达。和陌生人说话则不一样，互相之间常常作为独立的个体交往，彼此没有切身的利益关系，双方见到的都只是眼前的这个人，不会特殊关照也不会有什么成见，相对客观、平等，这种完全对等的关系，对青少年时期的人格成长是很有帮助的。

三、锻炼口才

和陌生人交谈，更能锻炼口才和人际沟通艺术。熟人之间，彼此都很了解，不会很注意说话的方式和技巧。而陌生人之间的交往从零开始，需要有意识地运用沟通技巧来建立关系，多次下来，人际沟通能力和口才就会得到提高。

尽管和陌生人交谈有诸多好处，但是还是有很多人不善于这样。他们往往面对陌生人没有话题，或者出现害羞畏惧，使自己与陌生人之间的交流变得困难。那么，怎么样和陌生人很好的交谈呢？

一、要克服畏惧心理

不少学生朋友由于接触社会少，对陌生人存在一种畏惧心理，难为情、怕讲不好话被人笑，因此不愿意跟陌生人交谈。这其实是不必要的。与陌生人交谈是走向社会的必然经历，也是青年人学习社交，锻炼自己，扩大自己视野的一种机会。因此，要鼓起勇气，迈开这人际交往中重要的一步。

二、要区别对象，选择合适的话题

与陌生人交谈时，要区别不同的对象，选择共同关心的话题。如果是同龄人，那共同的语言就多了，学校生活、旅游目的与打算、旅途见闻等等，都可以作为话题。如果是中、老年人，不妨从旅游的目的、打算谈起，发现对方感兴趣的话题，再展开谈下去。

三、要审慎、诚恳，不要轻信、轻浮

学生朋友涉世不深，往往天真、热情，有时就难免轻信、轻浮。社会是复杂的，一些不法分子为了谋求一己的私欲，常常会装出一副热情的样子，来欺骗天真的学生。因此，中学生在与陌生人交谈时必须持审慎态度，切莫轻信别人天花乱坠的自吹，更不能轻信别人的许诺。如果有陌生人询问你的有关情况，特别是家庭情况时，不能和盘托出，回答要含蓄，有时可委婉地岔开话题。对陌生人提出交朋友，特别是交异性朋友之类的要求，更要审慎。同时，自己对别人，谈吐也要有风度，不要乱自吹，不要随意问长问短，这样才不会显得轻浮。

四、谦虚、好学、大方

同陌生人交谈，闲聊生活中的趣事时当然可以获得愉悦的感觉。但更重要的，要善于向别人学习，学习有用的知识。学生朋友不懂的东西还有很多，特别是缺乏书本上所没有的知识。譬如，关于名胜古迹的知识，往往就很欠缺，趁旅游之机，通过同人家交谈，补补这方面的课很有必要。只要你谦虚好学，别人也往往愿意给你讲。不管是你向人家请教，还是回答别人的问题，态度始终要落落大方，切莫显出小家子气。

解决学生社会交往中经常遇到的问题

怎样和新邻居交往？

随着经济的迅速发展，人民生活水平的日益提高，一幢幢新的住宅大楼拔地而起，越来越多的家庭乔迁新居。搬入新居以后，所面对的都是新的面孔。在陌生的环境中，如何去和新邻居交往呢？俗话说得好："远亲不如近邻，近邻不如对门。"搞好邻里交往，既能增加相互友谊，又有利于家庭生活，应该给予足够重视。

一、要主动去和新邻居中的每一个成员打招呼

讲究礼仪是中华民族的传统美德，向邻居打招呼这是有礼貌、有修养的表现。与新邻居的首次交谈很重要，双方都会在首次交谈中形成印象，心理学上称为"第一印象"。良好的第一印象会给日后的交往创造成功的条件；恶劣的第一印象，也会给日后的交往带来不好的影响。主动去和新邻居中的每一个成员打招呼，打招呼时要微笑，要自然，让新邻居感觉到你的诚意和友善。对不同年龄和身份的人，打招呼的方式各有所别，显示出自己的知书达礼，温文尔雅，给邻居一个较好的印象。

二、要主动关心邻居家的每一个成员

邻居的家庭的每一个家庭成员都是我们今后要交往的对象，友好的相处对大家都是件好事。对于邻居家的老人和孩子我们要尤其关注，具体要注意以下两点：

1. 当邻居家只剩下老人或孩子时，可以去邻居家串串门，陪老人说说话，替老人解闷；或给小孩子讲讲故事。适当的时候也可以邀请他们去自己家中玩玩。这样，与新邻居的进一步交往就开始了。有的时候，邻家的

老人爱唠叨，小孩爱吵闹怎么办呢？对此应该设身处地，体谅随和，言谈婉转，区别对待。老人爱诉说，你可耐心听听，既能建立感情，又能更多地了解他们的家庭情况。对有病的老人，可提供一些治疗信息或土方。闲暇时，可与老人拉拉家常。这样，你在老人心中就会成为可亲近的人。你要看书，邻家小孩来吵闹，不可厌恶训斥，应以机智的话语引导。

2. 要在交往中了解老人或孩子的喜好，如果你的喜好与他们有所不同，也应妥善地处理。例如老人喜欢古典戏剧，孩子喜欢打游戏机，而你并不喜欢，但最好表示出自己也有些兴趣，由于不精通，因而也就无法达到"很喜欢"的程度，让他们有机会向你介绍自己的兴趣所在，你也可以向他们讲讲自己的爱好特长。这样，就形成了气氛融洽的交流。

三、用实际行动让新邻居感受到你的热情和助人为乐

例如，老住户虽然还不知道新邻居的姓名，仍应主动打招呼，问寒问暖："你是刚搬来的吧？""搬个家不容易呀，累坏了吧？"等等。主动打招呼，会使人感到热情开朗，感情的纽带便开始建立了。顺便时，可以帮邻居拿牛奶、送信、提东西等等，见到邻居家衣物飘落，或自行车停放不妥，应主动告之，总之要力所能及地帮助邻居。这样，新邻居就会从心底里接受你。

搞好邻里关系不仅有利于创造良好的居住环境，有益于身心健康，而且有利于促进社会的安全与稳定。让大家都来为社会的发展尽一份力，愿大家都和睦相处，友好往来。

怎样对待家中来客？

接待客人时，有些同学会在不知不觉中做出一些对别人不礼貌的举

止。因此，在这里必须提醒同学们注意待客中常见的失礼举止。

一、迎客

家中应保持整洁，待客用的茶杯、茶盘、烟灰缸等要擦拭干净。条件好的，还可以准备些水果、糖、咖啡等。客人来了，不论是熟人还是第一次来的生客，都要热情相迎。如果是约定时间，应提前出门迎候。客人进门后，主人应立即停止手中所做的事情，上前迎接。见面之初，主人应与客人握手，并致问候。接下来，应给家里其他人介绍一下，并互相问候，请客人落座。夏天气候炎热，可递给客人一块凉毛巾，先擦擦脸或者送把扇子，除汗消暑。有条件的，应及时打开电风扇或空调。在冬季则应请客人到暖和屋里，倒杯热茶。如果客人远道而来，要问问是否用过餐。

二、陪客

为客人敬茶，茶具要清洁，茶水要适量。茶叶太多则苦，茶叶太少则淡；水倒得太多容易溢出，水太少又难看。每次倒茶要倒八分满，以便客人饮用。端茶一般用双手，一手执杯，一手托底，不能用手指抓住杯口往客人面前送，这既不礼貌，又不卫生。续茶时，应把茶杯拿离茶桌，以免倒在桌上弄脏客人衣服。若有事情急办，可向客人说明，并请家人陪客，以免使客人被动尴尬。若又有新客人来访，应将客人互相介绍，一同接待。家里有客人时，家庭成员之间应该避免争吵。

三、留客

留客人吃饭，尽量在家准备；实在没有菜，再到饭馆去买现成饭菜，免得客人多心。给客人盛饭，要装八分碗。给老人安排的饭菜，尽量照顾老人的口味和咀嚼能力。要给客人带来的小孩找些玩具、小人书、画册，以免他们"认生"、"哭闹"。留客人住宿，最好让客人单住，房间要

社会交往之陌生人篇

187

收拾整齐，床上用品要舒适干净，并根据客人习惯选择合适的枕头。睡觉前要让客人熟悉电灯开关和方便的地方，以免夜间起来不方便。

四、送客

客人告辞时要以礼相送。送客除了说些道别话，还要注意一些礼节。客人怕影响主人时间，急于告辞，应等客人起身后，再起身相送。送客一般应送到大门口。对地形不熟悉的客人，应主动介绍附近的车辆和交通情况，或送到车站。远道或老年客人，如乘火车或长途汽车，应代买车票，送到车上。必要时，还要委托同路乘客或售票员帮助照顾。客人来访有时会带些礼品来，送客时应表示谢意，或相应地回赠一些礼物，决不能若无其事，无动于衷。客人临别时，有时会遇到意外情况，比如天气突然变冷或下雨、下雪时，这时应主动关心客人，拿出御寒的衣服或雨具给客人使用。对带行李较多的远道客人，应帮忙提送行李，陪送到车站、码头，并带上一些水果、点心之类的路餐以表示心意。客人由于疏忽或其他原因，有时会忘记要办的一些事情，因此，起程前，可以提醒客人是否有东西遗忘，是否有事情没办。如果客人有事情相托，只要力所能及，应尽力办妥。

碰到有人向我乞讨，怎么办？

在繁华的大街上或者就在自家的院门口，同学们有时会碰到有人向你乞讨，遇到这种情况，应该怎么办呢？

一、对老弱病残者，要有一份同情心

乞讨者有的身患残疾，没有工作能力，有的年迈体弱，生活都难以自理。因为种种原因，他们的生活一时还没有保障，遇到这些老弱病残

的乞讨者，要有一份同情心，给予一些帮助。

二、对临时有急难者，可给予一些援助

有些人或财物被窃，或亲人突患急病，又举目无亲，陷于孤立无援的境地，不得不暂时乞讨。对这种人可给予一些援助。

三、要有正义感

对街坊邻居中受家庭成员虐待而乞讨者，要主持正义。有些人因丧失劳动能力，受到缺乏公德的家庭成员的虐待，不得不以乞讨为生。对这样的人不仅要给予经济上的帮助，还应主持正义，帮他们向有关部门反映，制止这种虐待行为。

四、要增强辨别能力，善于识破各种行骗者

不可否认，在乞讨者中也混杂着相当一部分好逸恶劳的行骗者。他们利用人们的同情心想不劳而获，甚至把乞讨作为致富的门路。对这部分人要善于识别，不要上当受骗，对其中的违法者，还应及时向有关部门报告。具体方法有：

1. 对强要硬讨者，非善良之辈，要设法摆脱；
2. 花言巧语者，说得越天衣无缝，越不可信，可不予理睬；
3. 对多次碰到的熟面孔，不必给予帮助；
4. 身强力壮，可以凭力气谋生者，也不必给钱给物；
5. 对东张西望，结帮成伙，以乞讨为掩护，或顺手牵羊，或伺机作案者，要提高警惕，如有必要，应立即向有关部门报告。

面对不善"玩笑"，怎么办？

我们在生活中，经常会碰上突如其来的"玩笑"，弄得你啼笑皆非。

面对来自恶意的讥讽，尖刻的指责，或无意的失语冒犯，怎么办？是反唇相讥，还是固作姿态，一笑了之？还是……

这里向学生朋友们介绍一则小故事，看看这位名人是怎么从容地面对"恶意玩笑"的。

俄国学者罗蒙诺索夫是一位不修边幅、生活简朴的人。有一天，罗蒙诺索夫穿着一套破旧的西服出席会议。会议休会时，一位绅士打扮的不学无术的"学者"，向罗蒙诺索夫打了个招呼，挖苦地说："先生，我从你衣袖肘部的破洞里，看到了你的博学多才。"罗蒙诺索夫面对他的挑衅，含笑着说："先生，我从你笔挺的西服上看到了愚蠢。""学者"自讨没趣，涨红了脸灰溜溜地走了。

不学无术的"学者"想以对方衣服的破洞，借题发挥，贬低罗蒙诺索夫的人格。这正反映了这位"学者"，用挺括的外衣裹着他那颗无耻卑劣的心。罗蒙诺索夫以学者敏捷的才思，选择了与"博学"相对应的"愚蠢"词语，有力地嘲弄了绅士。这一场文雅斯文的对话，揭示了两个不同心灵、不同追求的人的本质。

我们应该承认，生活中，人际交往中不可能尽善尽美的，来者不善者大有人在。我们面对不善的"玩笑"，不要发脾气，更不要一触即跳，来个脸红脖子粗、喋喋不休的争吵。气极败坏，谩骂反击，决不是上策。

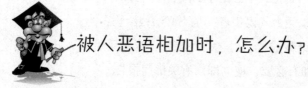

被人恶语相加时，怎么办？

在日常生活中，人与人之间会经常发生矛盾和冲突。但是在矛盾冲突时，对方蛮不讲理，嘴一张就当众口出不逊、恶语相加。在这种情况下，针锋相对吧，有失自己身份；忍气吞声吧，又于心不甘。处在这两难境地，我们该怎么办呢？

一、明理

当对方恶语相加时，你一定会因为当众受辱而激怒。但同时，你应该马上意识到，"怒火中烧"会极大地影响人的身心健康，发怒能使人致病，盛怒能致人死亡。再说，当怒从心头起的时候，就可能使自己失去理智，从而干出傻事、蠢事或意想不到的事来，那就悔之晚矣。

二、自控

当对手恶语相加而你怒不可遏时，你还应该想到那些可敬的人，学习他们的"大勇"、"大度"。宋朝大文学家苏轼不是赞美汉代名臣张良"天下有大勇者，猝然临之而不惊，无故加之而不怒"吗？应该说，张良面对"无故加之"的难堪处境，不是不怒，而是以良好的修养、坚强的意志和极大的勇气，克制了自己的怒气。你也应该极力运用自己的道德修养和意志力量，努力让自己冷静下来，至少也要降低愤怒情绪的程度。

三、迁移

当你觉得怒气直往上撞时，你还可以转移自己的注意中心，避免直接冲突。比如你可以想想清人阎敬铭的《不气歌》："他人气我我不气，我本无心他来气。倘若生气中他计，气下病来无人替。请来大夫将病医，他说气病治非易。气之为害大可惧，唯恐因气将命废。我今品尝个中味，不气不气真不气。"

四、横眉冷对

当对方无理谩骂，而你确信真理在手时，你可报以藐视的目光、平和的笑颜，静观对方的"尽情表演"，而不予理会。这种沉默无言的蔑视、坦然面对的神态，往往威力无穷。岂不闻，"此时无声胜有声"么？

五、随机应变

冲突中你还可以抓住有利时机，进行必要的防卫。如当对方恶意中伤地骂道："你是个伪君子、大骗子，什么坏事你都能做得出！"你不妨以解嘲的口吻反问："哦，是真的吗？我倒要请你彻底揭露揭露。"诱使他继续"表演"下去，直到他再也找不到言辞。在这种情况下，你要尽量做到有礼、有理、有节。这样做，显然比大动肝火、暴跳如雷强得多。它不但不使你因暴躁而失礼、因愤激而失态，还可以在人数众多的场合，赢得周围人们的理解和支持。

古语云："有大度者成大器。"当别人对你恶语相加时，你要把它看作是对自己修养、意志和情感的最好的磨炼。为了实现将来能有一番作为的宏愿，愿你在这种磨炼中表现出积极和主动。

 怎样尊重少数民族的生活习惯？

尊重少数民族生活习惯，是党和国家民族政策的重要组成部分，是民族平等和民族团结的重要内容，尊重少数民族生活习惯，就是要从民族平等、民族团结出发，尊重各民族的平等权利，不能因某个民族的生活习惯不同就加以歧视或侮辱；一个民族生活习惯的保持或改革应由该民族集体决定，别的民族或个人不能强制或干涉；任何民族不能以自己民族生活习惯为标准去衡量和要求别的民族，也不能以个人的好恶去对待民族生活习惯，去处理与民族生活习惯有关的事情。由于民族生活习惯具有民族性、敏感性等特点，因此，在一个多民族的国家里，尊重少数民族风俗习惯，对于民族团结、社会稳定乃至国家安全都有重要意义。

那么，作为学生我们如何尊重少数民族的生活习惯呢？

一、要充分认识尊重少数民族生活习惯的重要性

少数民族在形成发展过程中逐渐形成了自己的语言、文字、风俗习惯。它反映了民族的历史传统、生活方式和心理感情。所谓生活习惯，主要指少数民族群众的衣着、饮食、居住、生产、婚姻、丧葬等方面的习惯。这些习惯具有一定的文化内涵，是少数民族独特的生活方式，也是一民族区别于其他民族的标志，对一个民族的经济、文化、人们的生活、思想以及民族的发展进步、民族间的关系都有很大影响。少数民族对本民族的生活习惯有着特殊的感情，或引以为自豪，或奉为神圣，不容他人亵渎。不尊重少数民族生活习惯容易刺激民族感情、影响民族团结，不利于各民族的共同繁荣。因此，我们要尊重少数民族的生活习惯。任何歧视、不尊重少数民族生活习惯的想法和做法都是错误的，都有害于民族团结、社会进步和国家昌盛。

二、要了解熟悉少数民族的生活习惯

我们可以读一些介绍少数民族生活习惯的书籍和文章。我们还可以在跟少数民族朋友接触交往过程中留心观察、虚心求教，还可以通过旅游、参观、调查访问、影视作品、专题研究等方式方法多层次、多侧面地了解。

三、认真地、诚心诚意地、不折不扣地尊重少数民族的生活习惯

1936 年红军长征经过四川凉山彝族聚居区时，由于彝族群众深受国民党反动派的压迫，对红军北上抗日的方针不了解，将红军团团围住不让通过。红军反复宣传党的民族政策，并由司令员刘伯承和彝族首领小叶丹喝鸡血酒、结拜兄弟并送枪枝弹药，终于赢得了彝族群众的理解和信任，红军才得以顺利通过。由此可见，只有尊重少数民族的生活习惯才能加深各民族的相互了解和信任，促进民族团结，才能更好地维护国

家的统一，推动社会建设的发展。

四、认真贯彻执行党的民族平等、民族团结的政策

我国宪法规定："各民族都有使用和发展自己的语言和文字的自由，都有保持和改革自己风俗习惯的自由。"因此，对少数民族生活习俗的侵犯，也就是对民族平等权利、民主权利的践踏。在我国加强法治建设的过程中，我们中学生应该成为学法执法的模范，带头尊重少数民族的生活习惯。

 ## 怎样与外国人交谈？

学生朋友如何与外国人交谈？让我们先从一则小故事说起。在我国北方的一座城市，有几名男女大学生星期天游公园，遇见一美国小姐，就主动与美国小姐打招呼。双方交谈起来后，其中一位大学生不停地问那位美国小姐："你干什么工作？""一年能收入多少钱？""你今年有 30 岁吗？"直问得美国小姐满脸恼怒，拂袖而去。弄得几位大学生莫名其妙。

这是为什么？其根源是这几位大学生违背了与西方人交往的"七不问"原则，即年龄不问、婚姻不问、收入不问、地址不问、工作不问、经历不问、信仰不问。那么学生在与外国人交谈中究竟该注意那些事项呢？

首先，态度要热情友好，要做到不卑不亢，落落大方。外国人主动和我们交谈，不要故意回避，羞于见人，也不要一哄而上，七嘴八舌，好奇围观；交谈时既不能自惭形秽，在外国人面前丢掉民族气节，也不要目中无人，妄自尊大，要体现中华民族礼仪之邦的良好传统，面带微笑，彬彬有礼。

其次，服饰要整洁、美观，仪表要庄重，要体现中国学生朝气蓬勃的精神状态。在和外国人交谈时不要做与谈话无关的事，比如抠鼻子、掏耳朵，指手画脚；也不要一边交谈一边摇晃身体；站立交谈时，两脚要直立，不要交叉；座姿交谈时，腰背要平直，不要跷"二郎腿"。

第三，语言要规范，不要用外国人难以理解的方言、土语，尽量用普通话进行交谈；要礼貌用语，用词要达意，不要用一些似是而非、模棱两可的语言；言谈要把握分寸，褒扬不过头，自谦要真实。通过优美而有具体内容的语言，体现中学生富有涵养、谦逊有礼的气质。

第四，谈话的内容要维护我国的对外形象。对有关政治倾向性的问题，有关我国的经济、军事、科技、信息等，交谈时要谨慎，不宜深谈。外国人不愿交谈的事，不要穷问不舍，属个人隐私范畴的内容，交谈中一般均应回避。对自己不知道的事情，在外国人提问时不要随便作答复。交谈时要有答有问，有来有往，让人感到气氛和谐自然，但绝不能向外国人索要礼物，乱攀亲戚。发现外国人在交谈中有不端或不法行为，应及时向外事部门反映，不要自作主张处理。

最后，了解国外人们的种种忌讳，避免不礼貌情况的发生，这也是十分重要的礼仪内容。礼仪内容包括：数字的忌讳，食品的忌讳，颜色的忌讳，花卉的忌讳，还有其他不同国家的各种忌讳。

在国际参观访问中怎样与外国学生交往？

我国是文明古国，我国人民素来热情好客，作为学生在接待外宾时应该表现出社会主义一代新人特有的精神风貌：真诚坦荡，友好相处；节礼适度，不卑不亢。要维护民族的尊严，不要妄自菲薄，丧失气节；要虚心学习对方的长处，不要盛气凌人，盲目自大；要在原则的范围内给予对方种种方便，但不要让对方对我们呼来唤去。总之，要坚持和发扬崇高的爱国主义精神，保持"礼仪之邦"的民族形象。

具体说来，如果外宾走进学校向我们作友好表示时，应该自然地含笑点头或招手致意，问好。如果对方主动与我们招手、询问、交谈时，要以礼相待，与对方交谈时，态度要自然和气，彬彬有礼；座谈时，坐姿要端正，切忌仰头叉腿或全身靠在椅背上；站谈时，站姿要规矩，切忌身体晃动，两手插兜，或抬头看天，或脚尖划地。在交流过程中，要注意凝视倾听对方的讲话，切忌漫不经心，东张西望，答话要实事求是，不知道的事不要随便作答，注意保守秘密，称赞对方不宜过分，自己谦虚也要适当。如果彼此交谈投机，感情融洽并且都愿意互送礼物时，一般应该用双手送物接物，切忌单手随意一扔或重摔重放。如果外宾正在参观学校的教学设施，自己又无接待任务，切忌围观，尾随，或当着客人的面指手划脚地议论其容貌、肤色、服装等等。总之，要把礼貌与民族尊严有机地统一起来，表现出我们"文明古国"、"礼仪之邦"的民族风貌。

反之，在国外的学校参观访问，又怎样与该国学生交往？

有位名人曾说过："礼仪的目的与作用在使得本来的顽硬变柔顺，使人们的气质变温和，使他尊重别人，和别人合得来。"这也就是说，礼貌是人们在相互交往中密切联系的纽带，是通往相互友好和尊重的桥梁。你尊重对方，待之以礼，你才能得到对方给予的理解和友谊，才能与之和睦相处，获得种种帮助。因此，每个到外国学校参观访问的学生必须了解、尊重并践行各国人民的礼仪风俗。

假如你到欧美学校参观访问，遇到中学生应该行握手礼，行礼时，距对方约一步，上身稍前倾，用右手紧握对方右手并上下微摇。如果对方是老师或女学生，则须对方先伸出手，才能握手；如果对方不伸手，只要点头致意即可。遇到老师或初次与女学生见面，应该行鞠躬礼，行礼时，须脱帽、脚立正、面带笑容，两目正视对方，上身向前倾斜约 15 度左右。

解决学生社会交往中经常遇到的问题

假如你到日本学校参观访问，一般按欧美流行的礼节行礼。若初次遇见日本学生，应该互相鞠躬后，作自我介绍。

假如你到东南亚各国学校参观访问，一般行合掌礼，行礼时，双手合拢，掌尖向上，手掌略向外倾，头微微低下。

无论到哪国的学校参观访问，进入集会场所时，脚步要尽量放轻，说话声音不能太大；入座时，两膝不可张得太宽，尤其不可翘腿；交谈时，切忌有剔牙挖耳之类非礼性的小动作，交谈的内容应避免政治上的争论，碰到个别敏感问题需要回答时，要请教带队领导，注意保守国家机密；进餐时，坐姿要端正，若吃西餐，先把餐巾打开，置于胸前或膝上，用毕再折好放在盘子右边，不要乱丢，更不可拿走；上街时，要遵守外事纪律，在指定的范围内活动。

上面所写的，就是你与外国学生交往的"通行证"，有了它，你就可以得到友谊、尊重和种种帮助。

政府官员来校检查工作，怎么办？

学校是国家实施教育工作的基层单位，所以国家教育行政部门或政府其他部门官员来学校检查工作，是学校正常工作的一部分，也是关系到全校师生切身利益的一件大事，所以每个学校的成员，每个中学生，都应该正确认识和对待。

从内容上看，检查工作有以下几种情况：

一是日常工作的例行检查，大部分是由上级教育行政部门官员组织进行。内容就是学校的日常工作，学校从这项检查中所获得的是精神效益。二是落实政策情况的检查，如落实《义务教育法》情况的检查，落实《办学条件》情况的检查等。此外，还有一些临时性的视导、检查工

197

作，如环境、办学条件、学生精神风貌、教师敬业精神等，这些则体现一个学校平时建设的情况。

各项检查的准备工作与学生直接有关，如学校的整体风貌、学生的外在气质等，有的检查还要组织部分学生参加座谈，在检查过程中也会与学生有个别交谈的机会。所以，在检查中要注意做到：

首先，注重仪表，表现出良好的精神风貌。需要组织迎送时要积极参加，热情相待，注重礼节。校园内相遇要以礼相待，坦诚大方。谈话时要有礼节，谈吐文明。同时要整理好个人仪表，显不出一个文明中学生的气质。

其次，实事求是，正确全面评价学校工作。无论座谈或个别交谈时，都不能意气用事，而要实事求是地回答问题，反映情况，不回避问题，也不夸大其词，漫无边际，以使人从中能得出比较正确的结论。

再次，积极参加学校的各项准备工作及有关活动。如准备展览图表、模型，打扫环境，布置会场，组织迎送接待等。力所能及的事积极去办，不要采取事不关己、高高挂起或横挑鼻子竖挑眼等不予配合的对立态度。

总之，准备和迎接政府官员检查工作也是中学生生活的一部分，我们既然要正确对待生活，也应该正确对待这项工作。